논리와 비판적 사고

손병홍 著

논리와 비판적 사고

손 병 홍 著

발행일 2022년 3월 5일
펴낸이 李 相 烈
펴낸곳 도서출판 에듀컨텐츠휴피아
출판등록 제2017-000042호 (2002년 1월 9일 신고등록)
주 소 서울 광진구 자양로 28길 98, 동양빌딩
전 화 (02) 443-6366
팩 스 (02) 443-6376
이메일 iknowledge@naver.com
Web http://cafe.naver.com/eduhuepia
만든이 기획·김수아 책임편집·이진훈 황혜영 박채연 박은빈
       디자인·유충현 / 영업·이순우

정 가 16,000원
ISBN 978-89-6356-284-1 (03170)

ⓒ 2022, 손병홍, 도서출판 에듀컨텐츠휴피아

* 본 책은 저작권법에 따라 보호받는 저작물이므로 무단 전재와 복제를 금지하며, 책 내용의 전부 또는 일부를 이용하려면 반드시 저작권자 및 도서출판 에듀컨텐츠휴피아의 서면 동의를 받아야 합니다.

머리말

2018년에 논리적·비판적 사고의 함양을 목적으로 한 논리학 입문서인 <논리와 비판적 사고>를 출간한 후 논리학과 비판적 사고 분야에 관심을 가지고 있는 독자들과 동료 학자들의 이 책에 대한 날카로운 지적과 질책이 있었다. 이들의 지적은 아래의 세 가지로 정리될 수 있다.

1) 적지 않은 오류와 오자가 책의 여러 곳에서 발견된다.
2) 책의 전체적인 구조가 효과적인 학습에 적합하게 구성되어 있지 않다.
3) 충실한 학습에 필수적으로 요구되는 연습문제가 충분히 제공되지 않았다.

본서에서는 전체적으로 재검토하여 이러한 결점들을 교정하고 개선하려 노력하였다. 우선 책에서 발견되는 모든 오탈자를 교정하고 내용적인 오류를 검토하여 수정하기 위해 최선의 노력을 기울였다. 둘째로 논리학의 발달과정을 다룬 장을 작성하여 5부에 한 장으로 추가하고 논증의 다양한 형태를 다룬 장을 1부에 추가하는 등 책의 구조와 형식에 변화를 주었다. 특히 논증의 예나 특기할 사항들을 나타내는 표기를 단순화하여 독자들의 효과적인 학습에 도움이 될 수 있도록 시도하였다. 끝으로 이 책의 내용을 효과적으로 이해할 수 있도록 연습문제들을 추가하였다.

지금 책의 완성도와 관련하여 미진한 느낌을 지울 수 없다. 좋은 책을 만들기 위해 최선의 노력을 기울였다고 생각하지만 본서에도 적지 않은 오류나 실수가 있으리라 생각한다. 논리학을 전공하는 학자들을 포함하여 논리학의 발전에 관심을 가진 독자들의 날카로운 지적과 건설적인 비판을 기대한다.

2022년 2월
춘천에서 손 병 홍

목차

머리말	iii
1부 논리학의 기초	**3**
1장 논리란 무엇인가?	5
논리학에 대한 정의	6
2장 논증과 명제	9
진술, 문장, 명제	9
명제는 논증의 기본적인 구성요소	12
3장 논증의 평가 기준	15
타당성과 개연성	15
전제들이나 결론이 실제로 거짓인 타당한 논증	19
실제로 좋은 논증-건전한 논증	21
가엾은 칠면조의 최후	24
타당성의 정의와 논리적으로 좋은 논증에 대한 우리의 직관	25
4장 논리학의 기본개념	29
모순, 반대, 소반대	29
논리적 일관성	31
논리적 진실, 논리적 거짓, 논리적 우연명제, 논리적 동치	32
논리학의 기본개념들 사이의 논리적 관계	36
논리적·합리적 사회	37
5장 논증의 여러 가지 형태	43
전제들의 일부가 생략된 논증	44
복잡한 형태의 논증	45
논증의 결론을 구하는 퍼즐	49
논증으로 본 패러독스	50

2부 정언논리 ········· 55

6장 명제들의 종류와 정언명제 ········· 57
- 단칭명제 ········· 57
- 정언명제 ········· 57
- 복합명제 ········· 57
- 정언명제-A, E, I, O ········· 58
- 정언명제들 사이의 논리적 관계 ········· 62

7장 직접추리 ········· 65
- 대당사각형 ········· 65
- 환위, 환질, 이환 ········· 66

8장 존재함축 ········· 71

9장 정언삼단논증에 대한 타당성 평가 ········· 75
- 표준형식에 의한 타당성 평가 ········· 75
- 벤도식에 의한 타당성 평가 ········· 76

10장 연쇄(sorites)논증과 복합적 정언명제 ········· 83
- 연쇄(sorites)논증에 대한 타당성 평가 ········· 83
- 복합적 정언명제 ········· 86

3부 명제논리 ········· 89

11장 조건명제 ········· 91
- 조건문과 관련된 타당한 추론규칙 ········· 93
- 조건문과 관련된 오류 ········· 95
- 조건문과 관련된 논증 방법 ········· 96

12장 부정명제 ········· 99
- 귀류법 ········· 99

13장 연언명제 ········· 103
- 연언문과 관련된 타당한 추론규칙 ········· 104

14장 선언명제 ·· 109
　　선언문과 관련된 타당한 추론규칙 ······················ 110
15장 쌍조건명제 ·· 115
　　쌍조건문과 관련된 타당한 추론규칙 ················· 116
16장 진리표 ·· 119
　　진리표는 어떻게 작성하는가? ···························· 119
17장 자연연역 ··· 125
　　타당한 논증형식 ··· 127

4부 귀납논리 ·· 135

18장 연역논증과 귀납논증 ······································ 137
19장 귀납적 일반화논증 ·· 141
　　보편적 일반화논증 ··· 142
　　통계적 일반화논증 ··· 143
20장 유비논증 ··· 149
　　좋은 유비논증이기 위한 조건 ···························· 150
　　유비논증의 일반적 특징 ····································· 153
21장 통계삼단논증 ··· 157
　　통계삼단논증에서 고려해야 할 사항 ················ 158
22장 통계삼단논증의 여러 유형 ···························· 163
　　권위에 의한 논증 ··· 163
　　사람에 반대하는 논증 ··· 165
　　대다수의 동의에 의한 논증 ······························· 167
23장 인과논증 ··· 171
　　일치법 ·· 173
　　차이법 ·· 175
　　병용법 ·· 176
　　공변법 ·· 177
　　잉여법 ·· 178

24장 인과오류 ··· 181
　　선후관계를 인과로 보는 오류 ·· 183
　　공통의 원인을 무시하는 오류 ·· 184
　　원인과 결과를 혼동하는 오류 ·· 184
25장 귀납논증의 개연성 계산 ·· 187
　　배척적 선언문의 개연성 계산 ·· 188
　　연언문의 개연성 계산 ·· 189
　　배척적 선언문과 연언문이 결합된 문장의 개연성 계산 ········ 190
　　부정문의 개연성 계산 ·· 191
　　포괄적 선언문의 개연성 계산 ·· 192

5부 다양한 연역논리체계 ·· 195

26장 논리학의 발달 과정 ·· 197
　　고대 그리스시대 ·· 197
　　중세시대 ·· 201
　　근세시대 ·· 202
　　19세기 이후 ·· 203
27장 명제논리의 한계 ·· 207
28장 술어논리의 핵심적 내용 ·· 213
29장 술어논리의 장점 ·· 225
　　술어논리에서 동어반복의 명제는 어떻게 표현되는가? ············ 225
　　술어논리에서 개체들 사이의 관계를 나타내는 문장은 어떻게 표현되는가? 225
　　술어논리에서 정언명제는 어떻게 표현되는가? ··············· 227
30장 술어논리의 한계와 다른 논리체계의 필요성 ··············· 231

연습문제 해답 ··· 231
참고문헌 ·· 239

논리와 비판적 사고

에듀컨텐츠·휴피아
CH Educontents·Huepia

1부. 논리학의 기초

1장. 논리(Logic)란 무엇인가?

이 책의 제목은 '논리와 비판적 사고'이다. 이 제목이 사용된 것은 학문행위를 포함하여 사고가 요구되는 인간의 활동에는 합리적이고 논리적인 사고가 요구되는데 이를 가능하게 하려면 논리학의 기본적인 내용에 대한 학습이 필수적으로 요구된다는 것을 강조하기 위해서이다.

일반적으로 논리학(Logic)은 철학의 한 분야로 간주되고 있다. 논리학이 철학에서 다루어지는 한 분야이지만 논리학은 그 적용범위에 있어서는 철학에 국한되지 않는다. 어원적으로 볼 때 논리학은 철학을 포함하여 제반 학문이 학문이기 위해 필요한 공통 요소를 제공하고 있다고 할 수 있다. 심리학(Psychology), 사회학(Sociology), 인류학(Anthropology) 등과 같은 제반 학문에서 학문이나 이론 등을 의미하는 'logy'는 'logos'에서 유래한 것인데, 어원적으로 볼 때, 논리학은 이성이나 진리를 의미하는 'logos'의 학이기 때문이다. 실제로도 제반 학문이 학문으로 성립하기 위해서는 논리적인 요소가 필수적으로 요구되는 것으로 보인다. 학문에서 사용하는 추론과 논증에 대해 비판적 표준을 마련해 주는 역할을 하는 것이 논리학일 것이기 때문이다.

논리학의 적용 범위는 합리적인 탐구를 목적으로 하는 제반 학문만이 아니라 인간 생활의 모든 영역에 걸쳐 있다고 할 수 있다. 논리학에서 가장 중요하게 다루어지는 것이 논증인데 학문 영역만이 아니라 인간 생활의 거의 모든 부문에서 우리의 판단이나 의사 결정 등의 행위들은 논증에 근거하고 있다고 해도 과언이 아닐 것이기 때문이다.

과학과 같은 전통학문에서의 이론이나 학문적 주장들과 같은 학문적 행위들은 논증에 근거하고 있다. 한 예로 동물학에서의 '박쥐는 새가 아니라 포유동물이다'라는 판단은 조류와 포유동물에 대한 이론들을 전제로 유도된 결론이라 할 수 있다.

학문에서와 마찬가지로 일상생활에서 행해지는 대부분의 언어행위들도, 비록 많은 경우 숨겨진 형태이기는 하나, 논증의 형태를 취하고 있다. 한 예로 유명한 국가대표 축구선수가 페널티킥을 실축하는 것을 보고 축구경기를 관람하던 한 사람이 '괜찮아, 그럴 수도 있지'라고 말했다면 그의 말은 '기계가 아닌 인간은 누구나 실수할 수 있다'는 일반론이나 페널티킥의 성공 확률에 대한 통계 자료와 같은 그가 가지고 있는 믿음들로부터 추론된 결론일 것이다. 또한 한 사람이 '그

설렁탕집의 설렁탕 맛은 별로야'라고 말했다면 그의 말은 그 설렁탕집에서 설렁탕을 먹었던 과거의 경험들이나 주위 사람들로부터 들은 평가로부터 추론된 귀납적 결론일 것이다.

앞의 예들에서 보았듯이 제반 학문 활동을 포함한 인간 생활에서의 판단이나 주장과 같은 언어행위들은 논증에 근거하고 있다. 또한 4장에서 다루어지겠지만 논리학은 좋은 논증과 나쁜 논증을 구별하는 비판적이고 합리적인 표준을 제공한다. 따라서 논리학은 우리의 판단이나 주장이 근거하고 있는 논증을 평가하여 우리의 판단이나 주장들이 합리적이고 올바른 것인지 여부를 평가하며 동시에 우리가 올바르고 합리적인 판단을 할 수 있도록 비판적인 표준을 마련해 준다고 할 수 있다. 하나의 예를 통해 이에 대해 살펴보겠다.

가평에 위치하고 있는 한 별장의 주인인 K씨가 살해당했는데 유력한 용의자로 A씨와 B씨가 지목되었다. A씨는 전과기록이 있는 험악한 범죄형 얼굴의 건장한 사나이인데 사건 당시 자동차로 두 시간 이상 걸리는 다른 곳에 있었다는 확실한 알리바이를 가지고 있었다. 반면에 B씨는 연약한 몸매의 순박하게 생긴 여학생이지만 사건 당시의 행적에 대해 설득력 있는 진술을 못하고 있다.

이 경우 두 용의자 중 한 사람을 범인으로 지목하기 위한 우리의 판단은 여러 가지 형태로 나타날 수 있다. 우선 A가 전과기록과 험악한 범죄형 얼굴을 가졌다는 것에 근거해 A가 범인이라고 판단할 수도 있다. 또한 유명한 점술인의 점괘에 따라 B를 범인이라고 판단할 수도 있을 것이다. 끝으로 A는 확실한 알리바이를 가지고 있다는 것에 근거해 B를 범인이라고 지목할 수도 있을 것이다.

청부살인이나 공범의 경우를 제외한다면 앞의 경우에서 가장 합리적인 판단은 마지막 판단일 것이다. 앞의 두 판단은 A에 대해 우리가 가지고 있는 선입견이나 미신에 입각한 판단인데 비해 세 번째 판단은 '하나의 개체는 동시에 서로 다른 두 장소에 위치할 수 없다'는 원칙으로부터 도출된 결론이기 때문이다.

논리학에 대한 정의

앞에서 우리는 논리학의 적용 범위와 역할에 대해 간략하게 살펴보았다. 여기서는 논리학에 대한 다양한 정의에 대해 살펴보겠다.
다음은 우리가 가장 흔하게 접하는 논리학에 대한 정의이다.

1장. 논리(Logic)란 무엇인가?

1. 논리학이란 사유의 형식과 법칙들을 다루는 학문이다.

　그러나 이 정의는 논리학에 대한 올바른 정의라 할 수 없다. 사유란 의식 행위의 일종으로 사유가 이루어지는 법칙에 대한 연구는 논리학이 아니라 심리학이 담당해야 할 것이기 때문이다. 또한 인간의 사유는 상상, 추리, 기억, 추론 등 여러 가지 범주로 나뉠 수 있다. 이들 다양한 사유 행위들 중에서 논리학과 밀접하게 관련되어 있는 것은 추론이라 할 수 있다. 따라서 다음의 정의는 앞의 정의보다 좋은 논리학의 정의라 할 수 있을 것이다.

2. 논리학이란 추론의 형식과 법칙들을 연구하는 학문이다.

　2는 1보다 나은 정의이나 논리학에 대한 정확한 정의라고는 할 수 없다. 추론 자체는 여전히 의식 행위의 일종으로, 추론이라는 의식 행위가 어떠한 형식과 법칙에 따라 이루어지는가를 연구하는 것은 논리학이 아니라 역시 심리학의 몫일 것이기 때문이다.

3. 논리학이란 올바른 추론(Correct Reasoning)과 올바르지 않은 추론을 구분해 내기 위해 사용되는 방법들과 원칙들에 관해 연구하는 학문이다.

　3은 *Introduction to Logic*에서 코피(I. M. Copi)가 논리학에 대해 내린 정의이다. 3은 1이나 2보다 나은 논리학의 정의이다. 왜냐하면 논리학의 주된 기능은 완성된 논증이 타당한가의 여부를 결정하는 데에 있기 때문이다. 그러나 3은 논리학을 오직 좋은 추론과 나쁜 추론을 구분하는 학문으로만 국한시키고 있고, 의식행위의 일종이라고 할 수 있는 추론이라는 개념에 의존하여 논리학을 정의하고 있다는 문제점을 내포하고 있다.
　아리스토텔레스(Aristotle, BC 384-322)로부터 계산해도 논리학은 2000년 이상의 역사를 가지고 있다. 또한 이 기간을 거쳐 논리학은 계승·변화·발전·확장되어 왔다고 말해도 과언이 아니다. 따라서 이처럼 다양하고 복잡한 양상을 함께 지닌 논리학을 몇 마디로 정의하려는 시도 자체가 무리일 것이다. 이러한 이유로 여기서는 이 책의 내용과 합치되며 동시에 비교적 온건한 방식으로 논리학의 정의를 제시하고자 한다.

4. 논리학이란 좋은 논증과 나쁜 논증을 구별하기 위한 논증을 평가하는 기준을 포함하여 명제들 사이에 성립하는 형식적 관계와 명제들로 구성된 논증의 형식과 법칙들에 대해 연구하는 학문이다.

논리와 비판적 사고

연습문제

1. 논리학이 어떤 학문인지에 대해 논하라.

2. 논리학과 생물학과 같은 자연과학 사이의 차이점에 대해 논하라.

3. '논리학은 도구적인 성격이 강한 학문이다'라는 말이 의미하는 것은 무엇인가?

4. 연역논리를 '형식논리학'이라 부르는 이유가 무엇인가?

2장. 논증과 명제

문장, 진술, 명제

논리학이 수행하는 가장 중요한 역할은 좋은 논증과 나쁜 논증을 구별하는 비판적이고 합리적인 표준을 제공하여 우리의 판단이나 주장들이 근거하고 있는 논증을 평가하는 것이다. 3장에서 자세히 논의되겠지만 논증이란 명제들로 구성되어 있다. 그렇다면 논증의 구성요소인 명제란 무엇인가?

일반적으로 '문장(sentence)', '진술(statement)', '명제(proposition)'라는 세 용어는 구별 없이 사용되고 있다. 실제로 일부의 논리학자들은 명제가 아니라 문장이나 진술이 논증의 구성요소라고 주장하고 있다. 그러나 이 세 용어는 명확히 구별될 수 있고 명확하게 구별되었을 경우 문장이나 진술은 논증의 구성요소로 취급될 수 없다는 것이 드러난다.

문장이란 '문법에 맞게 배열된 단어(언어적 기호)들의 모임(집합)'이라 할 수 있다. 무료 백과사전인 '위키피디아(Wikipedia)'의 설명에 따르면 '하나의 문장이란 하나 이상의 단어들로 구성된 문법적으로 연결된 하나의 언어적 단위이다.' 문장에 대한 나의 이해는 대체로 위키피디아의 정의와 일치한다고 할 수 있다. 따라서 "희다 눈은"은 문법에 어긋나므로 문장이 아닌 반면 "외계인은 눈이 크다."는 언어적 기호들이 문법에 맞게 열거되어 있으므로 하나의 문장이다. 문법에 맞게 단어들이 배열되어야 한다는 조건을 만족시키는 단어들의 모임이면 모두 문장이라 할 수 있으므로, 진술하거나 기술한 사람이 없는 어떠한 단어들의 모임도 문법에 맞게 배열되어 있으면 문장으로 간주되어야 한다. 따라서 글을 모르는 아기가 무작위로 열거한 글자판이나 모래사막을 지나간 뱀이 남긴 흔적이 문법에 맞게 단어들을 열거하고 있다면 이들은 모두 문장의 사례들이다.

1) 눈은 희다.
2) 눈은 희다.
3) 2+1=4
4) 수지는 미녀인가?
5) Snow is black.
6) 이것은 책상이다.

7) 아 슬프다!
8) 창문을 열어라.
9) 내일은 월요일이다.

앞에 열거된 9개의 언어적 표현들에서 단어들은 문법에 맞게 배열되어 있다. 따라서 이들 각각은 모두 문장의 사례이다. 1)과 2)는 필체와 쓰인 위치는 다르지만 사용된 단어들과 그들의 배열이 동일하므로 문장 유형으로 볼 때 동일하고, 참이라 할 수 있는 문장들이다. 반면에 '2+1=3'이고 눈은 검은색이 아니므로 3)과 5)는 거짓의 문장이다.

4)는 의문문이고 7)은 감탄문, 8)은 명령문이다. 의문문이나 명령문, 감탄문 등은 참이나 거짓일 수 없다. 한 예로 4)는 그 자체로 답을 요구하는 질문에 불과하므로 질문에 답한 사람이 없거나, 질문에 대한 답변이 긍정적이거나 부정적이어도 그 질문 자체는 참도 거짓도 아니다. 따라서 1), 2), 3), 5)처럼 듣는 상대에게 어떤 요구나 지시, 질문 등의 의도가 없는 평서문만이 참과 거짓의 대상이 될 수 있다. 문장의 형태로 볼 때 6)과 9)는 평서문이다. 그러나 이들은 문장 자체로서는 참인지 거짓인지를 판단할 수 없는 문장이다. 6)에서는 '이것'이라는 지시어가 무엇을 지시하는가에 따라, 9)에서는 상황 의존적 용어인 '내일'이라는 단어가 포함된 문장인 9)가 언제 말해졌느냐에 따라 참 거짓이 달라질 것이기 때문이다.

진술(statement)은 사람에 의해 말이나 글로 사용된 문장이다. 따라서 앞에 열거된 각각의 문장을 말하거나 글로 쓴 사람이 있다면 이들 문장은 모두 진술이다. 앞에서 언급했듯이, 지시어나 상황 의존적 용어가 사용된 6)과 9)와 같은 평서문의 경우 문장 자체로는 참인지 여부를 알 수 없다. 그러나 6)과 9)와 같은 문장이 진술일 경우 사정은 달라진다. 문장 6)의 발화자가 책상을 지시하며 6)을 말이나 글로 언급했다면 문장 6)은 참이지만 그렇지 않다면 거짓일 것이고, 유사하게 오늘이 일요일인데 발화자가 오늘 9)를 언급했다면 9)는 참이지만 그렇지 않다면 9)는 거짓일 것이기 때문이다.

일반적으로 명제란 '문장이 뜻하는 의미이다'라고 정의되고 있다. 그러나 여기서는 참이나 거짓으로 긍정되거나 부정될 수 있는 진술로서의 문장이 뜻하는 의미로 명제를 국한시켜 정의하겠다. 따라서 명제는 아래처럼 정의될 수 있다.

1. 명제(Proposition)란 참이나 거짓일 수 있는 진술로서의 문장의 의미이다.

명제에 대한 정의에 따르면 앞에 열거된 문장들 중 4), 7), 8)을 제외한 모든 문장들은 상응하는 명제를 갖는다고 할 수 있다. 4), 7), 8)은 평서문이 아니므로 근본적으로 진리치가 부여될 수 없는 문장이고 진술로서의 6)과 9)는 이들 문장이 언급된 상황이나 여건에 따라 참이나 거짓으로 판단될 수 있을 것이기 때문이다. 한 예로 서울에 갈 계획을 하고 있는 철수가 2016년 3월 1일에 아래처럼 말했다고 하자.

오늘 나는 그곳에 갈 것이다.

이 경우 지시어와 상황 의존적 용어들이 포함되어 있는 앞의 문장에 상응하는 명제는 "철수는 2016년 3월 1일에 서울에 갈 것이다."처럼 표현될 수 있을 것이다. 문장 자체로는 참인지 여부를 판단할 수 없지만, 철수는 그날 서울에 가거나 가지 않을 것이므로 앞의 문장에 상응하는 명제는 참이거나 거짓이다.

20세기 초의 저명한 분석철학자인 에이어(A. J. Ayer)는 문장과 진술, 명제라는 세 가지를 구분하고, 명제를 참이나 거짓일 수 있는 진술들의 부분집합이라고 규정하고 있다. 즉 그에 의하면 참이거나 거짓일 수 있는 것만이 명제이다. 따라서 이 책은 바로 에이어의 설명을 수용하고 있다고 할 수 있다.

앞에서 언급했듯이 평서문이 아닌 명령문, 의문문, 감탄문 등에 상응하는 명제는 없다. 이러한 문장들은 참이라고도 거짓이라고도 할 수 없기 때문이다. 한 예로 아래의 명령문에 상응하는 명제는 없다.

길동아, 창문을 열어라.

이 문장은 명령문으로서 길동이에게 일정한 행위를 요구하는 문장이기 때문에 그 자체로서 참이라고도 거짓이라고도 할 수 없기 때문이다. 이처럼 오직 평서문만이 상응하는 명제를 가질 수 있지만, 평서문의 형태를 가진 모든 문장이 모두 상응하는 명제를 가지는 것은 아니다. 한 예로 아래의 문장들은 평서문이지만 상응하는 명제를 가진 것으로 취급될 수 없다.

이 문장은 거짓이다.
프랑스의 현재 왕은 대머리이다.

두 문장은 모두 평서문이라 할 수 있다. 첫 번째 문장은 참이라 하면 거짓이어야 하고 거짓이라 간주하면 참이어야 하는, 패러독스를 야기하는 거짓말쟁이의 문장이다. 또한 현재 프랑스에는 왕이 존재하지 않으므로 두 번째 문장은 주어가 지시하는 대상이 없는 문장이다. 많은 철학자들은 주어의 지시체가 결여된 문장은 의미가 없는 문장이고 참이나 거짓이라는 진리치를 부여할 수 없는 문장으로 간주하고 있다. 따라서 이들에 따르면 두 번째 문장도 상응하는 명제를 가질 수

논리와 비판적 사고·

없는 문장이다.

명제는 논증의 기본적인 구성요소

논증의 기본 구성요소로서 '문장'이 아닌 '명제'를 취하는 여러 가지 이유들이 있다. 여기서는 이들 중 두 가지만을 제시하겠다.
우선 구체적인 문장들은 일정한 언어로 구성되어야 한다. 따라서 사용되는 언어에 따라 문장을 구성하는 기호들이 서로 다른 의미로 사용될 수 있고, 다른 기호들이 동일한 의미로 사용될 수도 있다.

나는 너를 사랑한다.
I love you.
Ich liebe dich.

한 예로 앞의 세 문장은 다른 기호들로 구성되어 있는 서로 다른 문장이지만 동일한 의미를 가지고 있다. 따라서 이들은 세 개의 서로 다른 문장이지만 동일한 의미를 가진 하나의 명제라 할 수 있다.
둘째로 한 언어에서 사용된 동일한 문장이 문맥이나 상황에 따라 다른 의미로 사용될 수 있다.

철수와 영희는 지난 일요일에 도봉산에 갔다.

일상에서 흔히 사용되는 문장이다. 그러나 그 자체만으로는 앞 문장의 의미가 파악될 수 없다. 철수와 영희가 함께 지난 일요일에 도봉산에 갔다는 것을 의미하는 것으로 해석될 수도 있고, 또한 철수와 영희가 각자 따로 지난 일요일에 도봉산에 갔다는 것을 의미하는 것으로 해석될 수도 있기 때문이다. 그러나 이 문장에 상응하는 명제는 정확하게 하나라고 해야 한다. 왜냐하면 이 문장을 발설한 당사자는 앞에 제시된 두 가지 중 하나를 나타내고자 의도했을 것이기 때문이다. 앞에서 보았듯이 지시어나 상황 의존적 용어가 포함된 문장들은 그 자체로는 전혀 그 의미가 파악될 수 없는 문장이다. 그러나 우리가 이 문장들을 발설한 사람과 장소 등을 포함한 관련된 상황들을 알게 되면, 우리는 이들 문장의 의미를 파악할 수 있다. 따라서 지시어와 상황 의존적 용어가 포함된 문장인 경우에도 상응하는 정확히 하나의 명제가 있다고 할 수 있다.

2장. 논증과 명제

다음 장에서 중점적으로 다루어지겠지만, 논리적으로 좋은 논증인지의 여부를 평가하는 두 기준은 '타당성'과 '개연성'이다. 그런데 '타당성'과 '개연성'은 기본적으로 논증을 구성하는 요소들 사이에 성립하는 참과 거짓의 가능성에 근거해서 설명되는 개념들이다. 따라서 논증을 평가하는 기준을 사용하기 위해서도 참이거나 거짓일 수 있는 명제가 논증의 구성요소로 요구된다.

논리와 비판적 사고

연습문제

1. 명제와 진술과 문장 사이의 차이점이 무엇인지를 설명하라.

2. 진술이지만 명제가 아닌 문장의 예를 열거하라.

3. 문장이나 진술이 아닌 명제가 논증의 구성요소여야 하는 이유에 대해 설명하라.

4. 상황적 용어나 지시어가 사용된 진술도 명제일 수 있는가?

3장. 논증의 평가 기준

 언어생활의 측면으로 보면 우리는 논증으로 이루어진 논증의 바다를 항해 중이라 해도 과언이 아니다. 학문 활동에서는 물론 일상생활에서 우리가 접하는 주장이나 판단들은 명제들로부터 다른 명제를 이끌어내는 추론에 근거해 이루어지는데 논증이란 추론을 구체적인 언어로 나타낸 것이기 때문이다.
 우리들이 수행하는 대부분의 언어행위는 추론에 의해 이루어지고 추론을 언어로 구체적으로 표현한 것이 논증이라는 것을 하나의 예를 통해 살펴보겠다. 야구선수 류현진의 열렬한 팬인 K는 류현진의 나이가 이십대 후반이라는 소식을 듣고 "류현진은 적어도 15년 이내에 현역에서 물러날 것이다"라는 판단을 했다고 하자. 이 경우 K의 판단은 아마도 자신이 믿고 있는 "대부분의 야구선수들은 40세 이전에 야구선수로서 현역에서 은퇴한다."는 명제와 "류현진의 나이는 이십대 후반이다."라는 두 명제들로부터 추론되었을 것이다. 논증이란 명제들로부터 다른 명제를 이끌어내는 심리적 과정인 추론을 언어로 구체적으로 표현한 것이다. 따라서 K의 판단을 이끌어낸 추론과정은 아래처럼 논증으로 표현될 수 있다.

 대부분의 야구선수들은 40세 이전에 현역에서 은퇴한다. 그런데 야구선수 류현진의 나이는 이십대 후반이다. 따라서 그는 적어도 15년 이내에 현역에서 은퇴할 것이다.

 앞의 논증은 3개의 명제들로 구성되어 있다. K가 주장하고자 하는 명제는 "류현진은 15년 이내에 은퇴할 것이다."이다. 이 명제를 ⓒ라 하면 논증에서 ⓒ외의 다른 두 명제인 "대부분의 야구선수들은 40세 이전에 현역에서 은퇴한다."와 "야구선수 류현진의 나이는 이십대 후반이다."는 ⓒ를 지지하거나 증거로서 제시된 명제들이다. 따라서 하나의 논증을 구성하는 명제들 중 다른 명제들에 의해 지지받거나 다른 명제들을 증거로 삼고 있는 명제를 결론이라 하고 결론을 지지하거나 결론을 정당화시키기 위한 증거로 제시된 명제를 전제라 한다면 논증은 아래처럼 정의될 수 있다.

1. 하나의 논증이란 전제들과 결론으로 구성된 명제들의 집합이다.
    (전제: 결론을 지지하거나 결론을 정당화하기 위한 증거로 제시된 명제
     결론: 논증의 주된 주장으로 자신의 정당화를 위해 논증을 구성하는

논리와 비판적 사고·

다른 명제들을 증거로 삼거나 그들에 의해 지지되는 명제.)

전제들과 결론을 수평선으로 구분하면 논증의 정의 1은 아래처럼 도식으로 나타낼 수 있다.

2.

        P1
        P2   여기서 P1, ... , Pn은 전제들이고 C는 결론이다.
        P3
        ·
        ·
        ·
        Pn
        ―――
        C

류현진에 대한 K의 판단을 언어로 구체적으로 표현한 앞의 논증은 2에 따라 아래처럼 도식으로 나타낼 수 있다.

    P1 대부분의 야구선수들은 40세 이전에 야구선수로서 현역에서 은퇴한다.
    P2 류현진은 현역 야구선수이다.
    P3 류현진의 나이는 20대 후반이다.
―――――――――――――――――――――――――――――――
    ⓒ 류현진은 적어도 15년 이내에 야구선수로서 현역에서 물러날 것이다.

일상에서 우리가 접하는 글 속에서 일정한 논증을 찾아내 그것을 전제와 결론으로 구별하는 작업은 일정한 훈련과 노력이 요구되는 작업이다. 성공적으로 이를 수행하기 위해서는 풍부하고 다양한 독서와 정밀한 분석이 필요하다. 전제와 결론을 찾아내어 논증을 엄밀하게 분석하는 특별한 방법이나 왕도는 없다. 이를 위해서는 정밀하고 분석적인 독서를 통한 훈련이 필수적으로 요구된다. 단지 전제와 결론을 나타내는 일정한 표현들의 예는 제시될 수 있다.

    결론을 나타내는 표현들: 그러므로 ~, 따라서 ~, 이런 연고로~
    전제를 나타내는 표현들: 왜냐하면 ~, ~이므로, ~ 때문에

3장. 논증의 평가 기준

대체로 이러한 표현들의 앞이나 뒤의 공간에 나오는 문장들은 각기 전제와 결론이라 할 수 있다.

앞에서 언급했듯이 논리학이 수행하는 대표적 역할은 논증을 평가하는 기준을 마련하여 좋은 논증과 나쁜 논증을 구분하는 것이다. 논증은 전제들과 결론으로 구성되어 있다. 따라서 한 논증이 논리적으로 좋은 논증이기 위해서는 전제들과 결론 사이에 적절한 논리적 관계가 성립해야 한다. 논리학에서 전제들과 결론 사이의 논리적 관계를 분석하여 논증을 평가하는 기준은 "타당성"과 "개연성"이다.

타당성과 개연성

타당성과 개연성은 논증을 구성하는 전제와 결론 사이에 성립하는 논리적 관계이다. 논리적으로 좋은 논증인지 여부를 평가하는 논리적 기준인 타당성과 개연성은 아래처럼 정의될 수 있다.

3. 타당성: 한 논증 A는 타당하다 iff A의 전제들이 모두 참이고 동시에 결론이 거짓일 가능성이 없다. (전제들을 참이라고 가정하면 결론도 반드시 참이어야 한다.)
   개연성: 한 논증 A는 개연성이 높다 (높지 않다) iff A의 전제들을 모두 참이라 가정하면 결론도 참일 가능성이 높다. (높지 않다)

'타당성(Validity)'은 정도를 허용하지 않는 개념이다. 3에 따르면 한 논증이 타당하면 전제들이 참일 경우 결론도 반드시 참이기 때문이다. 반면에 개연성이 높은 논증의 경우에는 전제들을 참이라 가정하면 결론이 참일 가능성이 높을 뿐 거짓일 가능성이 있으므로, '개연성(Probability)'은 정도를 인정하는 개념이다. 따라서 한 논증의 개연성이 아무리 높아도 그 논증은 타당하지 않다.

일반적으로 타당성은 형식적 체계화를 중시하는 연역논증을, 개연성은 귀납적 일반화를 중시하는 귀납논증을 평가하는 기준으로 간주되고 있다. 그러나 어떠한 논증의 경우에도 타당성과 개연성이라는 두 기준이 모두 적용될 수 있다는 것을 고려할 때 이 구분은 적절하지 않은 것으로 보인다. 3에서 볼 수 있듯이 타당성과 개연성은 논증을 평가하는 서로 다른 잣대일 뿐이고 이 두 잣대는 어떠한 논증에도 공히 적용될 수 있다.

류현진에 대한 K의 판단을 나타낸 논증에 대해 논증을 평가하는 두 기준을 적용시켜보겠다. 대부분의 야구선수가 40세 이전에 은퇴하지만, 류현진은 40세 이

논리와 비판적 사고·

후에도 은퇴하지 않는 야구선수들에 속할 가능성이 있으므로 전제 P1과 P2와 P3을 모두 참이라 가정해도 결론이 거짓일 가능성이 있다. 따라서 이 논증은 타당하지 않은 논증이다. 그러나 개연성의 기준으로 볼 때 이 논증은 개연성이 높은 논증이다. 대부분의 야구선수들은 40세 이전에 은퇴하므로 류현진이 40세 이전에 은퇴하는 야구선수일 가능성이 높을 것이기 때문이다. 따라서 이 논증은 타당하지는 않지만, 개연성이 높은 논증이다. 개연성이 높은 모든 논증은 타당성의 기준으로 볼 때는 타당하지 않으므로 논증은 아래처럼 구분될 수 있다.

4.
```
                  타당한 논증
       논증 〈                         개연성이 높은 논증
                  부당한(타당하지 않은) 논증 〈
                                      개연성이 높지 않은 논증
```

논증을 평가하는 두 기준에 대한 정의인 3이 실제로 어떻게 적용되는 가를 아래에 열거된 논증들을 사용하여 살펴보겠다.

1)   모든 한국남자들은 아인슈타인보다 IQ가 높다.
           개그맨 심형래는 한국남자이다.
           ―――――――――――――――――――
           개그맨 심형래는 아인슈타인보다 IQ가 높다.

2)   모든 인간은 살아있는 유기체이다.
           모든 한국의 대학생들은 살아있는 유기체이다.
           ―――――――――――――――――――
           모든 한국의 대학생들은 인간이다.

3)   지금까지 해는 동쪽에서 떴다.
           ―――――――――――――――――――
           내일도 해는 동쪽에서 뜰 것 이다.

전제들을 모두 참이라 가정하면 결론도 반드시 참일 것이므로, 1)은 전제들이 참이고 결론이 거짓일 가능성이 없어야 한다는 타당성의 조건을 만족시키고 있다. 따라서 1)은 타당한 논증이다. 그러나 1)을 실제로 좋은 논증이라 할 수는 없을 것이다. 첫 번째 전제와 "개그맨 심형래는 아인슈타인보다 IQ가 높다."는 결론

3장. 논증의 평가 기준

은 명백한 거짓일 것이기 때문이다. 논증과 관련해서 논리학은 전제들과 결론 사이의 관계를 다루는 학문이지 논증을 구성하는 명제들이 실제로 참인지 여부를 다루는 학문이 아니다. 따라서 타당한 논증인 1)은 논리적으로 볼 때 좋은 논증이다.

논증 2)의 전제들과 결론은 모두 실제로 참이다. 그러나 한국 대학생 중 일부가 인간이 아닐 가능성(예를 들어 외계인일 가능성)이 있으므로 전제들을 모두 참이라 가정해도 결론이 거짓일 가능성이 있다. 따라서 2)는 타당하지 않은 논증이다. 이처럼 논증의 타당성 여부에 대한 판단은 논증을 구성하는 명제들이 실제로 참인지 거짓인지 여부와 전혀 관계가 없다.

논증 3)은 전제가 실제로 참이고 결론이 참일 가능성이 매우 높은 개연성이 높은 논증이지만 타당하지 않은 논증이다. 아래의 경우를 상상해보자.

오늘 자정 조금 전에 커다란 소행성이 지구와 충돌하고 그 영향으로 지구의 자전 방향이 현재와 반대로 바뀐다.

개연성은 매우 낮지만 모순없이 상상이 가능하므로 이러한 가능상황이 현실화될 최소한의 가능성은 존재한다. 따라서 전제를 참이라 해도 결론이 거짓일 가능성이 존재하므로 3)은 개연성은 높지만 타당하지 않은 논증이다.

전제들이나 결론이 실제로 거짓인 타당한 논증

논리적으로 좋은 논증이기 위해서 성립해야만 하는 타당성의 관계는 전제들이나 결론이 실제로 참이냐의 여부와는 전혀 관계가 없다. 따라서 전제나 결론이 실제로 거짓이면서도 타당한 논증일 수 있다.

오랫동안 논리학을 강의하면서 논리학을 접하는 많은 학생들이 이와 관련하여 혼란을 겪고 있다는 것을 느꼈다. 따라서 앞의 질문에 대한 답변을 명백하게 하기 위해 타당한 논증의 정의를 다시 살펴보겠다.

'타당한 논증은 전제들이 참이고 결론이 거짓일 가능성이 없는 논증'이다. 그러나 이 정의에서의 '참'과 '거짓'은 전제나 결론이 '실제로 참'이나 '실제로 거짓'이라는 뜻으로 사용된 것이 아니라 단지 한 논증이 타당하기 위해서는 전제들이 참이면서 결론이 거짓일 가능성이 없어야 한다는 것을 나타내고 있는 것이다. 따라서 전제들이 실제로 참이 아닐지라도 만약 우리가 전제들을 참이라고 가정하면 이 가정 하에서 결론이 반드시 참이어야만 하는 논증일 경우, 그 논증은 타당한 논증인 것이다.

논리와 비판적 사고·

즉, 하나의 논증에서 타당성의 관계가 성립하느냐의 여부는 전제들이나 결론이 실제로 참이냐의 여부와 관계없이 결정될 수 있고, 한 논증이 타당하다는 것으로부터 우리가 알 수 있는 것은 참인 전제들로부터는 거짓인 결론이 도출될 수 없다는 것이다.

 P1 사자는 초식동물이거나 양서류이다.
 P2 사자는 양서류가 아니다.
 ―――――――――――――――――――――
 ⓒ 사자는 초식동물이다.

 P1과 P2의 두 개의 전제들과 하나의 결론 ⓒ로 구성되어 있는 앞의 논증은 논리적으로 좋은 논증이기 위해서 성립해야 하는 타당성의 관계를 만족시키고 있다. P1과 P2를 모두 참이라고 가정하면, ⓒ는 반드시 참이기 때문이다. 따라서 이 논증은 타당한 연역논증이다.
 타당성에 대한 우리의 정의에 따르면, 비록 앞의 논증은 타당한 논증이지만 상식적으로 볼 때, 좋은 논증이라 할 수 없다. 왜냐하면 결론인 ⓒ(사자는 초식동물이다)는 명백한 거짓이기 때문이다. 그러나 결론이 실제로 거짓인 이유는 전제인 P1이 거짓이기 때문이지, 이 논증이 논리적으로 좋은 논증이기 위한 조건인 타당성의 관계를 만족시키지 못하기 때문이 아니다.
 논증과 관련해서 논리학은 주로 전제와 결론 사이의 관계를 연구하는 학문이지, 논증을 구성하는 개개의 명제가 실제로 참이냐의 여부를 다루는 학문이 아니다. 개개의 명제가 실제로 참이냐의 여부는 논리학이 아닌 경험과학 등에서 다루어져야 한다. 따라서 앞의 논증은 상식적으로 좋은 논증이라고 할 수는 없지만 논리적으로는 좋은 논증이다.
 실제로 거짓인 명제들로 구성된 논증들도 타당할 수 있다는 타당성 개념의 이러한 특징은 컴퓨터에 비유하여 설명될 수 있다. 한 컴퓨터에 참인 정보를 입력했는데 그 컴퓨터가 거짓 정보를 출력해냈다면 그 컴퓨터는 분명 폐기처분해야 할 결함이 있는 컴퓨터이다. 그러나 거짓 정보를 출력해낸 이유가 거짓정보를 컴퓨터에 입력한 때문이라면 그 컴퓨터는 정상적으로 정보처리를 한 것이라 할 수 있다. 결국 타당성이란 참인 전제들로부터는 참인 결론만이 도출된다는(참인 전제들로부터 거짓인 결론이 도출될 가능성을 배제하는) 것을 보증해주는 전제들과 결론 사이의 관계라 할 수 있다.
 이처럼 논리적으로 옳은 논증이기 위해 요구되는 타당성의 관계는 참인 전제들로부터 거짓인 결론이 도출될 가능성을 배제하는 역할을 하며, 전제들과 결론이 실제로 참이냐의 여부와는 무관하게 성립한다. 따라서 전제들과 결론이 모두

3장. 논증의 평가 기준

실제로 참이면서도 타당하지 않은 논증이 있을 수 있고, 전제와 결론들이 모두 실제로 거짓인 타당한 논증도 있을 수 있다.

미국의 수도는 워싱턴이다.
클린턴은 미국의 대통령이다.   (전자의 예)
─────────────────────
L.A는 매우 큰 도시이다.

보아는 장동건보다 키가 크다.
장동건은 마이클 조던보다 키가 크다.   (후자의 예)
─────────────────────
보아는 마이클 조던보다 키가 크다.

일상에서 접하게 되는 구체적인 논증들의 타당성 여부를 평가하는 실용적인 하나의 방법은 아래처럼 정리될 수 있다.

5.

구체적 논증의 타당성 여부를 결정하는 방법

ⅰ) 논증의 전제들이 모두 참이라고 가정하라.
   (즉, 전제들이 모두 참일 수 있는 가능세계(상황)를 상상하라.)
ⅱ) 전제들이 모두 참인 상황에서 결론이 모순 없이 거짓일 수 있는가를 살펴보라.
   (즉, 전제들이 모두 참이면서 결론이 거짓일 수 있는 가능세계(상황)를 상상하라.)
ⅲ) 만약 전제들이 모두 참이면서도 결론이 거짓일 수 있으면 그 논증은 타당하지 않은 논증이고, 그럴 수 없으면 그 논증은 타당한 논증이다.
   (즉, 전제들이 모두 참이고 결론이 거짓인 가능세계(상황)를 모순 없이 상상할 수 있으면 그 논증은 타당하지 않다.)

실제로 좋은 논증-건전한 논증

앞에서 본 세 개의 논증 중에 1)만이 타당성의 기준을 만족하는 논증이다. 그러나 앞에서 언급했듯이 1)은 일상생활에서 유익한 실제로 좋은 논증이라고 할 수는 없다. 1)의 결론은 명백하게 실제로 거짓이고 우리가 일상생활에서 논증을 하는 주된 이유는 우리들의 주장이나 판단이라 할 수 있는 결론이 실제로 참이라는 것을 보이는데 있다고 할 수 있기 때문이다. 한 논증이 타당하고 전제들이 실제로 참이면 결론도 반드시 실제로 참이어야 한다. 따라서 한 논증이 일상생활에서 유익한 실제로 좋은 논증이기 위해서는 전제들은 모두 실제로 참이어야 한다. 논리학자들은 실제로 좋은 논증을 건전한(sound) 논증이라 부른다.

6. 타당한 논증의 경우: 한 논증 A는 건전한(실제로 좋은) 논증이다 iff A는 타당하고 A의 전제들은 모두 실제로 참이다.

　개연성이 높은 논증의 경우: 한 논증 A는 건전한(실제로 좋은) 논증이다 iff A는 개연성이 높고 A의 전제들은 모두 실제로 참이다.

6에 따라 아래의 만화에서 나타나는 논증이 건전한지 여부를 살펴보겠다.

3장. 논증의 평가 기준

만화에 등장하는 의사는 논증을 하고 있다. 만화의 두 번째 컷에서 의사가 한 말이 결론이고 세 번째와 네 번째 컷이 결론을 뒷받침하는 전제들이다. 따라서 만화에서 의사의 논증은 아래처럼 정리될 수 있다.

P1 만약 그가 몸을 씻으면 그는 물을 오염시킨다.
P2 만약 그가 몸을 씻지 않으면 그는 공기를 오염시킨다.
―――――――――――――――――――――――――――――――
ⓒ 우리는 생태학적 상황에 직면해 있다.

우리가 직면한 생태학적 상황이 정확하게 무엇인지 설명되지 않았으므로 논증의 결론은 명확하게 기술되어 있지 않다. 그는 몸을 씻거나 씻지 않을 것이기 때문에 전제 P1과 P2를 고려하면 우리가 직면한 생태학적 상황은 '그는 물을 오염시키거나 공기를 오염시킬 것이다.'일 것이다. 따라서 논증의 결론을 이처럼 재해석할 경우 앞의 논증은 아래처럼 수정되어야 한다.

P1 만약 그가 몸을 씻으면 그는 물을 오염시킨다.
P2 만약 그가 몸을 씻지 않으면 그는 공기를 오염시킨다.
―――――――――――――――――――――――――――――――
ⓒ 그는 물을 오염시키거나 공기를 오염시킬 것이다.

건전한 논증이기 위해서는 타당하고 전제들이 모두 실제로 참이어야 한다. 전제들이 참이고 결론이 거짓일 가능성이 없으므로 이 논증은 타당한 논증이다. 그러나 만화에서의 상황이 실제로 발생한 상황이라고 가정해도 이 논증이 실제로 좋은 건전한 논증이라고 하기는 어려울 것이다. 만화의 주인공의 몸에서 냄새가 나는 것은 그 나름대로 일상생활을 한 결과로 발생한 자연현상이므로 전제 P2의 그가 몸을 씻지 않는 것이 대기를 오염시킬 것이라는 명제는 과장된 주장이고 따라서 전제 중 일부가 실제로 거짓이기 때문이다.

앞에서 우리는 한 논증의 전제들이 실제로 참이고 개연성이 높을지라도 결론이 실제로 거짓일 가능성이 있다는 것을 보았다. 이에 반해 타당한 논증의 경우에는 전제들이 참이면 결론이 반드시 참이어야 하므로 전제들의 참이 결론의 참을 보장해준다. 그러나 타당한 논증의 경우 전제들의 참이 결론의 참을 보장해준다는 사실이 타당한 논증이 개연성이 높은 논증보다 논리적으로 우수한 논증이라는 것을 시사하는 것이라고 할 수는 없다. 앞에서 우리는 1)이 타당한 논증이라는 것을 보았다. 그런데 1)이 타당한 이유는 1)의 첫 번째 전제에 의하면 한국 남자들의 집합이 아인슈타인보다 IQ가 높은 것들의 집합에 속하는데 두 번째 전제에 따르면 개그맨 심형래는 아인슈타인보다 IQ가 높은 것들의 집합에 속하는 한국남자들의 집합에 속하기 때문이다. 따라서 1)의 전제들은 결론을 포함하고 있다고 할 수 있다. 1)에서 보았듯이 타당한 논증의 전제들이 참이면 결론이 반드시 참일 수밖에 없는 이유는 전제들 속에 결론이 포함되어 있기 때문이고 이러한 까닭에 타당한 논증을 통해 얻을 수 있는 정보는 전제들이 보여주는 정보에 국한된다. 그러나 전제들이 실제로 참인 개연성이 높은 귀납논증은 우리에게 실제로 참일 가능성이 높은 새로운 정보를 우리에게 제공한다. 개연성이 높은 논증인 3)에서 전제는 실제로 참이지만 결론이 거짓일 최소한의 가능성이 있다. 그러나 3)에서 전제가 실제로 참이어도 결론이 실제로 거짓일 가능성이 있는 이유는 "내일도 해는 동쪽에서 뜰 것이다."라는 예측을 하고 있는 결론이 전제에 나타나지 않는 새로운 정보이기 때문이다. 이렇게 볼 때 3)의 결론은 전제에 포함되어 있지 않다. 따라서 타당한 논증은 전제들의 참이 결론의 참을 보장해주지만 우리에게 새로운 정보를 줄 수 없고 개연성이 높은 귀납논증은 전제들이 참일지라도 결론이 거짓일 가능성이 있지만 우리에게 새로운 정보를 제공해줄 수 있다.

가엾은 칠면조의 최후

귀납논증의 경우 개연성이 아무리 높아도 결론이 거짓일 수 있다는 것을 보여주는 극단적인 사례를 살펴보겠다.

~~가엾은 칠면조의 귀납논증~~

미국 중부에 위치한 한 칠면조 농장의 주인인 a는 하루의 일과를 정해진 시간에 맞추어 한다는 특이한 성격의 소유자였다. 그는 매일 아침 9시에 칠면조에게 모이를 주었고, 이에 따라 이 칠면조 농장에 있는 철갑이라는 칠면조도 지난 1년 동안 매일 아침 9시에 모이를 먹었다. 크리스마스 전날인 12월 24일 밤에 철갑이 칠면조는 지난 1년간 매일 9시에 모이를 먹었으므로 내일도 아침 9시에 모이를 먹을 것이라 예측하게 된다. 그러나 철갑이 칠면조의 기대와 달리 그 다음날 불행한 사건이 발생한다. 아침 9시에 모이를 주러 온 a는 철갑이 칠면조에게 모이를 주는 대신 그를 도살하였고 철갑이 칠면조는 저녁에 a의 크리스마스 식탁에 오르는 신세가 된다.

크리스마스 전날인 12월 24일 밤에 "내일도 아침 9시에 모이를 먹을 것이다"라고 예측한 철갑이 칠면조의 추론은 아래의 논증으로 나타낼 수 있다.

3장. 논증의 평가 기준

1월 1일 아침 9시에 모이를 먹었다.
1월 2일 아침 9시에 모이를 먹었다.
1월 3일 아침 9시에 모이를 먹었다.
....
....
....
12월 24일 아침 9시에 모이를 먹었다.
―――――――――――――――――――――
12월 25일 아침 9시에 모이를 먹을 것이다.

 가엾은 칠갑이 칠면조의 사례가 실제로 일어난 사건이라 가정하면 전제들은 모두 실제로 참이다. 또한 이 논증은 전제들을 참이라 가정하면 결론도 참일 확률이 매우 높은 개연성이 높은 귀납 논증이다. 따라서 이 논증은 실제로 좋은, 개연성이 높은 논증의 전형적인 예라 할 수 있다. 그러나 내일 아침 9시에 모이를 먹을 것이라는 참일 가능성이 매우 높은 칠갑이 칠면조의 예측과는 달리 칠갑이 칠면조는 비참한 최후를 맞게 된다.

타당성의 정의와 논리적으로 좋은 논증에 대한 우리의 직관

 전제들이 모두 참이고 결론이 거짓일 가능성이 없는 논증은 모두 타당한 논증이다. 즉, 타당성의 정의는 참인 전제들로부터 거짓인 결론이 도출될 가능성을 배제하는 역할을 하는 것에 불과하다고 할 수 있다.
 일부의 논리학자들은 타당성의 정의의 이러한 특징이 상식적으로 용납될 수 없는 논증을 논리적으로 좋은 논증의 범주에 속하게끔 한다고 3과 같은 타당성의 정의를 비판하고 있다. 이들의 비판에 대해서 살펴보기 위해 아래의 논증을 살펴보겠다.

4) P1 길동이는 남자이다.
    P2 길동이는 남자가 아니다.
    ―――――――――――――
    ⓒ 지구는 둥글다.

 이 논증에서 P1이나 P2는 결론인 ⓒ와는 전혀 무관한 명제들로서 상식적으로

논리와 비판적 사고·

볼 때, ⓒ를 지지하거나 증거로서 제시된 것이라고 할 수 없을 것이다. 따라서 우리의 상식적 직관에 따르면 논증 4)에서의 전제들과 결론 사이에는 논증이기 위한 기본적인 논리적 관계조차 성립하지 않는 것으로 보인다. 왜냐하면 P1이나 P2가 ⓒ를 지지하거나 증거로서 제시된 것이라 할 수 없다면, P1이나 P2를 ⓒ의 전제라 할 수는 없을 것이기 때문이다.

그러나 타당성의 정의에 따르면, 이 논증은 타당한 논증이다. 전제들인 P1과 P2는 서로 모순관계에 있는 명제들이다. 즉, P1이 참이면 P2는 반드시 거짓이고, P1이 거짓이면 P2는 반드시 참이어야 한다. 따라서 이 논증의 전제들인 P1과 P2가 모두 참일 가능성은 존재하지 않는다.

이러한 결과를 3에 적용하면 이 논증은 타당한 논증이다. 왜냐하면 P1과 P2가 모두 참일 가능성이 없으므로 전제들이 모두 참이고 결론이 거짓일 가능성(타당하지 않음을 보여 주는 가능성)은 없기 때문이다.

앞에서 보았듯이 타당성의 정의를 앞의 논증 4)에 적용하였을 경우, 그 결과는 논리적으로 좋은 논증에 대한 우리의 상식적 직관과 상충되는 것처럼 보이고, 이러한 이유 때문에 일부의 논리학자들은 3과 같은 타당성의 정의를 비판하고 있다. 사실상 3과 같은 타당성의 정의가 논리적으로 좋은 논증이기 위한 기준이 될 수 있는가의 문제는 철학적·논리학적으로 논란의 대상이 되고 있다.

여기서 필자는 타당성의 정의와 관련해 어느 한 쪽을 옹호하는 입장에 서 있지는 않다. 그러나 전제들이 결론과 전혀 무관한 것이 아니게끔 앞의 논증을 재구성하려는 시도가 있었다는 것을 언급하고자 한다. 20세기 초의 논리학자 루이스(C. I. Lewis)는 앞의 논증은 아래와 같이 재구성될 수 있다고 보았다.

4') P1 길동이는 남자이다.
 P1' 길동이는 남자이거나 지구는 둥글다.
 P2 길동이는 남자가 아니다.
 ─────────────────────
 ⓒ 지구는 둥글다.

논증 4')은 논증 4)에 없는 P1'가 추가된 세 개의 전제들로 구성된 논증이다. 루이스에 의하면, P1'는 P1으로부터 연역적으로 유도되는 명제이기 때문에 논증 4)에 P1'를 추가하는 것은 정당화될 수 있다.

P1 길동이는 남자이다.
─────────────────────
P1' 길동이는 남자이거나 지구는 둥글다.

앞의 논증은 타당한 논증이다. 따라서 만약 우리가 루이스의 의견을 받아들인다면, P1'는 P1으로부터 연역적으로 유도된 결론으로서 새로운 전제로 추가될 수 있고, 이 경우 P1'가 추가된 논증 4')은 전제들이 결론과 전혀 무관한 논증이라고 할 수 없다. 결론인 ⓒ는 전제들인 P1'와 P2와 밀접하게 관련되어 있고, 이들로부터 직접적으로 유도된 결론이기 때문이다.

앞에서 보았듯이 타당성의 정의는 논증 4)와 같은 논증과 관련해서 숙고해야 할 문제점을 남기고 있다. 논리학 입문서인 이 책에서는 이 문제와 관련한 철학적·논리학적 문제는 더 이상 다루지 않을 것이다. 또한 다른 논리학 입문서와 마찬가지로 타당성의 정의 3은 논리적으로 좋은 논증의 기준으로 사용될 것이다. 따라서 우리의 기준에 따르면, 논증 4)는 타당한 논증이고 논리적으로 좋은 논증이다.

 논리와 비판적 사고·

 연 습 문 제

1. 건전한 논증인가를 판단하라.
   a. 모든 인간은 사색하는 동물이다. 또한 철수는 사색하는 동물이다. 따라서 철수는 인간이다.
   b. 철수는 코가 둘이다. 서울에 거주하는 모든 대학생들은 코가 둘이고 철수는 서울에 거주하는 대학생이기 때문이다.
   c. 철수는 미남이거나 성격이 좋다. 그런데 철수가 미남이므로 철수는 성격이 좋지 않다.
   d. 철수는 화성인이거나 코가 둘인데 철수는 화성인이 아니다. 고로 철수는 코가 둘이다.
   e. 모든 토끼는 육식동물이 아니다. 왜냐하면 모든 사자는 육식동물이고 모든 토끼는 사자가 아니기 때문이다.
   f. 모든 토끼는 포유동물이고 대부분의 포유류는 초식동물이므로 모든 토끼는 초식동물이다.
   g. 철수는 강원도에 거주하는 남자 중 제일 키가 크다. 그러나 영수는 강원도에 거주하는 남자인데 철수보다 키가 크다. 따라서 철수는 미남이다.
   h. 현재까지 화성은 태양으로부터 네 번째에 위치한 행성이다. 또한 적어도 앞으로 100년간 화성은 지금의 궤도대로 공전할 것이다. 따라서 내일도 화성은 태양에서 네 번째에 위치한 행성일 것이다.

2. 전제들이 실제로 참이고 결론이 실제로 거짓인 논증도 타당할 수 있는가?

3. 전제들과 결론이 실제로 거짓인 논증도 타당할 수 있는가?

4. 전제들과 결론이 실제로 참이지만 타당하지 않은 논증의 예를 제시하라.

5. 타당하지만 건전하지 않은 논증과 개연성이 높지만 건전하지 않은 논증의 예를 하나씩 제시하고 그 이유를 논리적으로 설명하라.

6. 논증의 결론이 "철수는 남자이거나 여자이다."일 경우 이 논증은 타당한가?

4장. 논리학의 기본개념

'모순矛盾'은 논리학에서 사용되는 가장 기초적인 개념 중 하나이다. 일상생활에서는 애매모호하게 사용되는 경우가 있지만 논리학에서의 설명에 따르면 두 개의 명제 A와 B가 모순관계에 있으면 A와 B는 정반대의 진리치를 가진다. 즉 A와 B가 모순이면 A가 참이면 B는 거짓이어야 하고 A가 거짓이면 B는 참이어야 한다.

모순의 어원은 창과 방패와 관련된 중국고사에서 찾을 수 있다.

~~창(矛)과 방패(盾)~~

옛날 중국 초나라에 창과 방패 등의 무기를 파는 상인이 있었다. 이 상인은 자신이 파는 창을 하나 들어 보이며 "이 창은 어떤 방패도 뚫을 수 있는 창이다."라고 선전했고 이어서 하나의 방패를 들어보이고는 "이 방패는 어떤 창도 뚫을 수 없는 방패이다."라고 선전했다.

이 모습을 보고 있던 명나라 왕의 신하 중 한 명이 이 상인에게 다가가 "당신이 어떤 방패도 뚫을 수 있다고 선전하는 창으로 어떤 창도 막아낼 수 있다고 하는 방패를 찌르면 어떻게 됩니까?"라고 질문을 하니 이 상인은 어떤 대답도 할 수 없었다.

명나라 왕의 신하의 질문에 초나라의 무기 상인이 아무런 대답도 할 수 없었던 이유는 "이 창은 어떤 방패도 뚫을 수 있는 창이다."와 "이 방패는 어떤 창도 뚫을 수 없는 방패이다."라는 두 명제가 동시에 참일 수 없기 때문이다.

모순, 반대, 소반대

아마도 초나라 무기 상인이 팔고 있는 창이 뚫지 못하는 방패도 그가 파는 방패를 뚫을 수 있는 창도 존재할 수 있을 것이다. 따라서 창과 방패와 관련된 초나라 무기 상인이 언급한 두 명제는 동시에 참일 수는 없지만 동시에 거짓일 수 있다. 따라서 두 명제 사이에 성립하는 관계는 두 명제가 동일한 진리치를 가질 수 없는 모순관계가 아니다. 논리학에서 두 명제 A와 B가 동시에 참일 수는 없

논리와 비판적 사고

지만 동시에 거짓일 수 있다면 A와 B는 반대관계에 있는 명제들이다. 따라서 중국고사에 등장하는 초나라 무기 상인이 주장한 두 명제 사이의 관계는 모순이 아니라 반대이고, 따라서 논리적으로 볼 때 '창矛과 방패盾'는 모순이 아니다.

도식으로 설명하면 모순과 반대 사이의 차이점이 명확하게 드러난다.

미남		추남

한국남자

일부의 한국남자는 미남일 것이고 일부의 한국남자는 추남일 것이므로 미남인지 추남인지 여부와 관련하여 한국남자를 구분하면 위와 같은 도식이 가능할 것이다. 도식에서처럼 한국남자의 일부분만이 미남이거나 추남이고 대다수의 한국남자들은 미남도 추남도 아니므로 '미남인 한국남자'라는 개념에 모순되는 개념은 '추남인 한국남자'가 아니라 '미남이 아닌 한국남자'이다. 따라서 한 한국남자가 미남이 아니라는 사실로부터 "그는 미남이 아닌 한국남자이다."라는 명제는 연역적으로 추론되지만 "그는 추남인 한국남자이다."라는 명제는 연역적으로 추론되지 않는다. 따라서 길동이가 한국남자라면 "길동이는 미남이다."라는 명제에 모순되는 명제는 "길동이는 미남이 아니다."이고 반대인 명제는 "길동이는 추남이다."이다. 또한 한국남자 중 일부만이 미남이라면 미남인 한국남자도 미남이 아닌 한국남자도 존재할 것이므로 "어떤 한국남자는 미남이다."와 "어떤 한국남자는 미남이 아니다."라는 두 명제는 동시에 참일 수 있지만, "어떤 한국남자는 미남이다."가 거짓이면 모든 한국남자는 미남이 아니어야 하므로 앞의 두 명제는 동시에 거짓일 수 없다. 이처럼 동시에 참일 수 있지만 동시에 거짓일 수 없는 두 명제 사이에 성립하는 관계를 소반대 관계라 한다. 따라서 '모순', '반대' 그리고 '소반대'는 아래처럼 정의될 수 있다.

1. 모순: 명제 □와 △는 모순이다 iff □와 △가 동일한 진리치를 가질 가능성이 없다.
   반대: 명제 □와 △는 반대이다 iff □와 △가 동시에 참일 가능성이 없지만 동시에 거짓일 가능성이 있다.
   소반대: 명제 □와 △는 소반대이다 iff □와 △는 동시에 참일 가능성이 있지만 동시에 거짓일 가능성이 없다.

4장. 논리학의 기본개념

명제들로 구성된 집합이 모순 관계나 반대관계에 있는 두 명제를 포함하고 있으면 그 집합의 모든 명제들이 동시에 참일 수 없다. 한 집합 A가 모순관계나 반대관계에 있는 □와 △를 포함하고 있다면 □와 △가 동시에 참일 수 없을 것이고 따라서 □와 △를 포함한 A의 모든 명제들이 동시에 참일 수 없을 것이기 때문이다. 이처럼 한 집합을 구성하는 모든 명제들이 동시에 참일 수 없는 집합을 논리적 일관성이 없는 집합이라 한다.

논리적 일관성

앞에서 언급했듯이 '논리적 일관성'은 명제들로 구성된 집합과 관련된 개념이다. '논리적 일관성'은 아래처럼 정의될 수 있다.

2. 논리적 일관성: 명제들의 집합 A는 논리적 일관성이 있다 iff A를 구성하는 모든 명제들이 동시에 참일 가능성이 있다.

'논리적 일관성'은 명제들로 구성된 집합에 적용되는 개념이다. 명제들로 구성된 하나의 집합 A를 구성하고 있는 모든 명제들이 동시에 참일 가능성이 있으면 집합 A는 논리적 일관성이 있는 집합이다.

집합을 나타내는 기호는 '{'와 '}'가 사용되고 있다. 따라서 2에 따르면, □, △, ○로 구성된 하나의 집합 {□, △, ○}이 논리적 일관성이 있으려면 □, △, ○가 모두 동시에 참일 가능성이 있어야 한다.

구체적인 예를 통해 명제들로 구성된 집합의 논리적 일관성 여부를 살펴보겠다.

1) {서울에 거주하는 모든 남자들은 배우 김수현 보다 미남이다. 현재 미국의 대통령의 국적은 대한민국인데 사실 그는 외계인이다. 현재 미국 대통령의 피부색은 희다. }
2) {길순이는 한국에 사는 여자 중 제일 키가 크다. 영자는 한국에 살고 있다. 영자는 길순이보다 키가 크다.}

1)의 경우 논리적 모순 없이 1)에 속한 모든 명제들이 동시에 참인 상황을 상상할 수 있다. 반면에 2)의 경우 2)를 구성하는 세 명제가 동시에 참일 가능성이 없다. 첫 번째 명제가 참이면 두 번째나 세 번째 명제가 거짓이어야 하고 두 번째와 세 번째 명제가 참이면 첫 번째 명제가 거짓이어야 하므로 2)를 구성하는

논리와 비판적 사고·

세 명제가 동시에 참일 가능성이 없기 때문이다.

앞장에서 살펴본 타당한 논증의 정의에 따르면, 한 논증의 전제들의 집합이 논리적 일관성이 없으면 그 논증은 결론이 어떤 명제인지 여부와 상관없이 타당하다.

P1 길동이는 키가 작다.
P2 길동이는 미남이다.
P3 길동이는 거인이다.
──────────────────────────
ⓒ 대한민국은 10년 내에 세계 최강국이 될 것이다.

전제 P1과 P3은 반대관계이므로 전제들의 집합({P1, P2, P3})은 논리적 일관성이 없다. 전제들로 구성된 집합이 논리적 일관성이 없으면 전제들이 동시에 참일 가능성이 없으므로 전제들이 모두 참이고 동시에 결론이 거짓일 가능성이 없다. 따라서 앞의 논증은 타당한 논증이다. 이처럼 한 논증의 전제들의 집합이 논리적 일관성이 없으면 결론이 어떤 명제인지 여부와 상관없이 그 논증은 타당하다. 다르게 표현하면 일관성이 없는 명제들의 집합으로부터는 모순명제를 포함하여 어떤 명제도 타당한 논증의 결론으로 도출될 수 있다.

논리적 진실, 논리적 거짓, 논리적 우연명제, 논리적 동치

명제와 관련된 논리학의 기본개념들은 아래처럼 정리될 수 있다.

3. 논리적 진실: 하나의 명제 □는 논리적 진실이다 iff □가 거짓일 가능성이 없다.
   논리적 거짓: 하나의 명제 □는 논리적 거짓이다 iff □가 참일 가능성이 없다.
   논리적 우연명제: 하나의 명제 □는 논리적 우연명제이다 iff □는 논리적 진실도 논리적 거짓도 아니다. (참일 가능성도 거짓일 가능성도 있다.)
   논리적 동치: 한 쌍의 명제 □와 △는 논리적 동치이다 iff □와 △가 서로 다른 진리치(참이나 거짓)를 가질 가능성이 없다. (□가 참이면 △도 반드시 참이어야 하고, □가 거짓이면 △도 반드시 거짓이어야 한다.)

논증을 구성하는 명제들은 논리적 진실, 논리적 거짓, 논리적 우연명제의 세 가지로 구분될 수 있다. 이러한 구분은 명제의 내용이 아니라 명제가 가진 논리

4장. 논리학의 기본개념

적 형식에 의해 결정된다. 논리적 진실의 명제는 'A거나 A가 아니다'와 같은 형식의 명제나 동어반복의 명제처럼 명제의 논리적 형식 때문에 항상 참일 수밖에 없는 항진명제를 의미한다. 논리적 거짓의 명제는 'A이고 A가 아니다'와 같은 모순명제처럼 명제의 논리적 형식 때문에 항상 거짓인 항위명제를 의미한다.

논리적 진실

하나의 명제 □가 거짓일 가능성이 없으면, □는 논리적 진실이다. 일부 논리학 입문서에서는 '논리적 진실' 대신에 '항진명제'라는 용어를 사용하고 있다. 항진명제란 말 그대로 항상 참인 명제, 즉 모든 가능성에서 참인 명제를 말한다.

3에서의 논리적 진실에 대한 정의는 항진명제의 의미를 제대로 나타내지 못하는 정의처럼 비칠 수도 있다. 3에 의하면, 한 명제가 거짓일 가능성만 없으면 논리적 진실이므로 만약 한 명제가 참도 거짓도 아닌 가능성을 가졌을 경우에도 그 명제는 논리적 진실일 것이기 때문이다. 그러나 2장에서의 명제에 대한 설명에 따르면, 한 명제가 참도 거짓도 아닐 가능성은 없다. 오직 참이거나 거짓인 문장의 의미만이 명제일 수 있기 때문이다. 따라서 명제는 어떤 가능성에서도 참이든가 거짓이어야 하지, 참이면서 동시에 거짓일 수도, 참도 아니고 거짓도 아닐 수는 없다.

이러한 이유로 이 책에서 다루는 연역논리는 2가 논리-두 개의 진리 값(참과 거짓)만 인정하는 논리-이다. 따라서 만약 한 명제 □가 거짓일 가능성이 없으면, □는 모든 가능성에서 참이어야 하므로 명제 □는 항진명제이다.

'타당성'을 다룰 때 보았듯이, 논리학은 명제들이 실제로 참이냐의 여부와는 무관한 학문이다. 따라서 한 명제가 실제로 참이냐의 여부는 그 명제가 논리적 진실이냐의 여부와는 무관하다.

3) 지구는 돈다.
   서울은 한국의 수도이다.
   최진실은 영화배우이다.
   지구는 태양의 주위를 돈다.

앞에 열거된 각각의 명제들은 실제로 참이고 누구도 의심치 않는 경험적으로 정당화된 명제들이다. 그러나 이 명제들은 모두 논리적 진실이 아니다. 우리는 각각의 명제들이 거짓일 가능성을 모순 없이 상상할 수 있기 때문이다. 이처럼 논리적 개념들이 명제와 같은 대상들에 적용되느냐의 여부는 명제들의 내용보

33

논리와 비판적 사고

는 명제들의 형식과 밀접한 관계가 있다. 즉, 일정한 논리적 형식을 가진 명제들은 그 내용과 관계없이 논리적 진실이다.

태양의 지표 온도는 섭씨 4만 도 이상이거나 그렇지 않다.

앞의 문장은 논리적 진실이다. 왜냐하면 이 문장은 태양의 지표 온도가 섭씨 4만도 이상일 경우에도 참이고, 태양의 지표 온도가 섭씨 4만도 이상이 아닐 경우에도 참이기 때문이다. 즉, 이 문장이 거짓일 가능성은 존재하지 않는다. 이 문장이 논리적 진실인 이유는 결코 이 문장의 내용 때문이 아니다. 이 문장의 형식을 그대로 둔 채 그 내용을 바꾸어도 내용이 바뀐 그 명제는 논리적 진실이다.

김대중은 한국의 대통령이거나 그렇지 않다.

이 문장은 형식을 그대로 유지한 채 내용만을 바꾼 문장이다. 이 문장도 역시 거짓일 가능성이 없는 명제이다. 따라서 논리적 진실이다.
앞의 두 문장은 아래의 형식을 가진 명제들이다.

□이거나 □가 아니다.

□를 어떤 내용으로 대체하여도 그 대체된 명제는 거짓일 가능성이 없다. 따라서 논리적 진실의 대표적인 명제형식이라고 할 수 있다.

논리적 거짓

하나의 명제 □가 참일 가능성이 없으면, □는 논리적 거짓이다. 논리적 거짓의 명제는 항상 거짓인 명제라는 의미인 '항위명제'라는 용어로도 표현되고 있다. 논리적 진실의 경우와 마찬가지로 한 명제가 논리적 거짓이냐의 여부는 명제의 내용에 의해서가 아니라 명제의 형식에 의해 결정된다. 따라서 아래의 두 명제 중 명백하게 실제로 거짓인 첫 번째 명제는 논리적 거짓이 아닌 반면에 두 번째 명제는 논리적 거짓이다.

지구는 달 주위를 돈다.
태양은 지구보다 크고, 태양은 지구보다 크지 않다.

4장. 논리학의 기본개념

첫 번째 명제는 실제로 명백한 거짓이지만 우리는 모순 없이 참일 가능성을 상상할 수 있다. 반면에 두 번째 명제가 참일 가능성은 상상할 수 없다. 두 번째 명제가 참일 가능성이 없는 이유는 내용 때문이 아니라 형식 때문이다. 두 번째 명제는 아래의 형식을 가진 명제이다.

□이고 □가 아니다.

이 형식을 가진 모든 명제는 논리적 거짓이고, 이 형식은 논리적 거짓의 대표적인 명제형식 중 하나이다.

논리적 우연명제

'우연명제'도 하나의 명제에 적용되는 개념이다. 한 명제 □가 논리적 진실도 논리적 거짓도 아니면, □는 우연명제이다. 즉 한 명제가 실제로 참이냐의 여부와 관계없이 참일 가능성도 거짓일 가능성도 있으면 그 명제는 우연명제이다. 따라서 3)에 열거된 명제들과 "지구는 달 주위를 돈다."는 모두 우연명제이다.

논리적 동치

'논리적 동치'는 한 쌍의 명제들에 적용되는 개념이다. 3의 정의에 따르면, 두 개의 명제가 논리적으로 동치이기 위해서는 두 명제는 모든 가능성에서 동일한 진리치를 가져야 한다. 즉, 한 가능성에서 한 명제가 참이면 나머지 명제도 반드시 참이어야 하고, 다른 가능성에서 한 명제가 거짓이면 나머지 명제도 반드시 거짓이어야 한다.

다른 개념들과 마찬가지로 두 명제가 논리적 동치이냐의 여부는 두 명제의 내용에 의해서가 아니라 형식에 의해 결정된다. 한 예로 아래 4)의 두 명제는 실제로 참인 명제들이지만 논리적 동치가 아닌 반면에 5)의 두 명제는 논리적 동치이다.

4) 지구는 둥글다. 한국의 대통령은 남자이다.
5) 백두산 천지에는 고래가 산다. 백두산 천지에는 고래가 살거나, 지구는 둥글고 둥글지 않다.

4)의 두 명제는 실제로 참이지만, 우리는 쉽게 한 명제는 참이지만 다른 한 명제는 거짓인 상황을 상상할 수 있다. 따라서 4)의 두 명제는 논리적 동치가 아니다. 반면에 5)의 경우에는 이것이 불가능하다. 만약 전자가 참이면 후자도 참일 것이고, 만약 전자가 거짓이면 후자도 거짓일 것이기 때문이다. (후자에서 '지구는 둥글고 둥글지 않다'는 논리적 거짓이라는 것을 주목하라.)

논리적 기본개념들 사이의 논리적 관계

이 장에서 소개된 개념들 사이에는 다양한 논리적 관계가 성립한다. 여기서는 몇 가지만을 간략하게 소개하겠다.

명제들로 구성된 집합 A를 구성하는 명제들 중 하나가 논리적 거짓이면, A는 논리적 일관성이 없다.

'논리적 일관성'과 '논리적 거짓'의 정의로부터 귀결되는 당연한 결과이다. 만약 A를 구성하는 한 명제가 논리적 거짓이면 그 명제는 참일 가능성이 없을 것이고, 따라서 A를 구성하는 모든 명제들이 동시에 참일 가능성도 없을 것이기 때문이다.

전제들의 집합이 논리적 일관성이 없는 집합이면, 그 논증은 타당한 논증이다.

'논리적 일관성'과 '타당성'의 정의로부터 귀결되는 당연한 결과이다. 전제들의 집합이 일관성이 없으면 전제들이 모두 참일 가능성이 없고, 따라서 전제들이 모두 참이고 결론이 거짓일 가능성도 없을 것이기 때문이다.

전제와 결론이 논리적 동치이면, 그 논증은 타당하다.

'논리적 동치'와 '타당성'의 정의로부터 귀결되는 당연한 결과이다. 전제와 결론이 동치이면, 전제와 결론은 서로 다른 진리치를 가질 수 없고, 따라서 전제가 참이고 결론이 거짓일 가능성이 없을 것이기 때문이다. 여기서 고려한 3가지 외에도 이들 6가지 개념들 사이에는 다양한 논리적 관계가 성립한다. 이에 대해서는 연습문제들을 통해 살펴보겠다.

4장. 논리학의 기본개념

논리적·합리적 사회

건전한 논증은 사회에서 요구되는 실제로 유용한 논증이다. 한 논증이 건전한 논증이면 일정한 주장의 근거나 증거라 할 수 있는 전제들과 주장하고 있는 내용인 결론 사이에 올바른 논리적 관계가 성립하고 전제들이 실제로 참이어야 하므로 참인 전제들로부터 참인 결론이 논리적으로 귀결되기 때문이다. 따라서 한 사회가 감성적인 판단이나 선동에 휘둘리지 않는 합리적이고 이성적인 사회이기 위해서는 그 사회 구성원의 판단이나 주장이 건전한 논증에 근거해야 한다.

우리들의 주장이나 판단이 근거하고 있는 논증이 건전하지 못한 경우는 아래의 세 가지이다.

① 전제들과 결론 사이에 올바른 논리적 관계가 성립하지 않는다(타당하지 않거나 개연성이 높지 않다).
② 전제들 중 일부가 실제로 거짓이다.
③ 결론을 정당화하는 근거로 제시된 전제들의 집합이 논리적 일관성이 없다.

건전하지 못한 논증의 세 가지 경우 중 합리적이고 이성적인 사회가 되는 데 장애요소로 작용하는 최악의 경우는 세 번째 경우이다. 전제들이 논리적 일관성이 없는 논증은 근본적으로 건전한 논증이 될 수 있는 여지가 없는 논증이기 때문이다.

첫 번째 경우인 전제들과 결론 사이에 올바른 논리적 관계가 성립하지 않는 경우에는 올바른 논증이기 위한 논리적 요건을 만족시키지 못하고 있다는 것을 설명하여 잘못된 주장을 하는 사람을 설득할 여지가 있다. 두 번째 경우에는 거짓인 전제를 찾아내어 그 전제가 거짓임을 보이는 합리적이고 과학적인 증거를 제시하여 그 전제가 거짓임을 설득할 수 있을 것이다.

세 번째 경우에는 전제들이 동시에 참일 수 없으므로, 논리적 일관성이 없는 전제들로 구성된 모든 논증은 논리적 기준을 만족시키는 타당한 논증이다.

6) □
    △
    ○
    ─────────────
    모든 한국인은 아인슈타인보다 IQ가 높다.

7) □
    △
    ○
    ─────────────
    지구는 사각형이고 사각형이 아니다.

논리와 비판적 사고

6)의 결론은 명백한 거짓의 명제이고 7)의 결론은 논리적 모순의 명제이다. 그러나 전제들의 집합인 {□, △, ○}가 논리적 일관성이 없으면 6)과 7)은 모두 타당한 논증이다. 이처럼 전제들의 집합이 논리적 일관성이 없을 경우 어떠한 명제도 타당한 논증의 결론으로 귀결될 수 있다. 그러나 논리적 일관성이 없는 전제들로 구성된 논증은 전제들이 동시에 참일 수 없으므로 근본적으로 건전할 수 없는 논증이다. 이를 바꾸어 말하면 논리적 일관성이 없는 전제들로부터 귀결된 어떠한 명제도 신뢰할 수 없다는 것을 의미한다고 할 수 있다. 세 번째 경우에 해당하는 건전하지 못한 논증은 아래의 두 가지로 구별될 수 있다.

③-1 논증의 발화자가 전제들의 집합이 논리적 일관성이 없다는 것을 인지하지 못하고 있는 경우.
③-2 논증의 발화자가 전제들의 집합이 논리적 일관성이 없다는 것을 확실히 인지 하고 있는 경우.

③-1은 최소한 개선의 여지가 있는 경우이다. 만약 논증의 발화자가 진지하고 합리적인 사람이라면 논증의 전제들이 모두 동시에 참일 수 없다는 것이 밝혀졌을 경우 그는 자신이 제시한 논증의 전제들의 집합이 논리적으로 일관적이지 않게 된 이유를 찾으려 노력할 것이기 때문이다.

논증의 발화자가 전제들의 집합이 논리적 일관성을 결여하고 있다는 것을 인지하고 있는 ③-2에 해당하는 대표적인 사례는 논증의 전제들 중 일부가 서로 모순관계에 있거나 반대관계에 있는 명제들로 구성된 경우이다. 두 명제가 서로 모순관계이거나 반대관계이면 한 명제가 참이면 다른 명제는 반드시 거짓이어야 한다. 따라서 ③-2에 해당하는 논증의 발화자는 의도적으로 거짓말을 하고 있는 것이다. ③-2에 해당하는 하나의 사례를 살펴보겠다.

지방에 위치한 한 중학교에서 얼마 후에 있을 총학생회장 선거에 출마할 준비를 하고 있는 a군은 자신이 소속된 학급에서 자신을 반장으로 지지하는 학급원이 과반에 미치지 않을 경우 총학생회장에 나서지 않겠다고 학급원들 앞에서 공식적으로 선언했다. 그런데 반장 선거 결과 a에 대한 지지율이 20%에도 미치지 못했다. 그러나 a군은 자신의 약속을 어기고 반장선거 며칠 후에 있은 총학생회장 선거에 출마했고 결국 총학생회장으로 당선되었다.

a군의 발언과 이에 따른 그의 행동은 다음처럼 정리될 수 있다.

4장. 논리학의 기본개념

(1) a군을 반장으로 지지하는 학급원이 과반에 미치지 못하면 a군은 총학생회장 선거에 출마하지 않는다.
(2) 학급원의 20%도 a군을 반장으로 지지하지 않았다.
(3) 반장 선거 이후 a군은 총학생회장 선거에 출마했다.

a군이 자신의 약속을 지킨다면 자신의 발언 (1)과 반장선거의 결과(2)로부터 아래의 (4)가 직접적으로 도출된다.

(4) a군은 총학생회장 선거에 출마하지 않는다.

a군의 발언과 행동을 정리한 명제들로 구성된 집합 {(1), (2), (3)}은 논리적 일관성이 없는 집합이고 (4)는 (1)과 (2)로부터 직접적으로 도출되는 연역적 결론이므로 a군은 의도적으로 거짓말을 한 것이다. (1), (2), (3)의 명제들로 한 논증의 전제가 구성되면 논증의 결론이 무엇인지 여부와 무관하게 그 논증은 타당한 논증이다. 앞에서 보았듯이 전제들의 집합이 논리적 일관성이 없으므로 논증의 전제들이 동시에 참일 수 없기 때문이다. 이것은 a군이 자신이 약속을 어기게 된 정당한 이유를 학급원 모두를 포함한 전체 학생들이 납득하도록 설득하지 않는 한 앞으로 그가 하는 어떤 말도 믿을 수 없다는 것에 다를 바 없다. a군이 자신의 약속은 반장 선거에 이기기 위한 전략이었다고 말했다고 하자. 이 말은 앞으로 전략적인 필요가 있는 경우 언제든지 거짓 약속을 하겠다는 언급과 크게 다르지 않다. a군의 이야기는 지어낸 것에 불과하지만 a군의 경우와 유사한 사례를 우리가 살고 있는 사회에서 흔히 찾아볼 수 있다.

논리학자의 입장에서 볼 때, 논리학의 가장 기초적인 개념인 논리적 일관성을 지키려는 자세나 노력이 경시되거나 무시되는 현상이 만연하는 것은 가장 우려되는 사회현상 중 하나이다. 논리학의 가장 기초적인 개념인 논리적 일관성이 무시될 경우 논증이나 논의를 평가할 기준이 없어지므로 합리적인 토론을 통한 의견수렴이 근본적으로 불가능하게 될 것이고 이에 따라 감성에 호소하는 선동이나 협잡, 집단적 이기심에 입각한 편 가르기가 판칠 것이기 때문이다. 논리적 일관성을 지키려는 노력을 통해 논리적이고 합리적인 사회가 되게 하는 데 가장 큰 영향력을 끼칠 수 있는 집단은 정치인들을 위시한 사회지도층이라 할 수 있다. 기본적으로 이들의 언행은 이들이 속한 사회를 구성하는 국민 전체를 대상으로 하기 때문이다.

논리와 비판적 사고

연습문제

1. 다음 물음에 답하시오.

   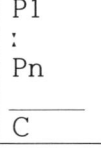

   ① {P1, ..., Pn}이 논리적 일관성이 있고, C가 논리적 거짓이면 이 논증은 타당한가?
   ② C가 논리적 진실이면 전제들이 무엇이냐의 여부와 관계없이 이 논증은 타당한가?
   ③ 전제들 각각이 모두 우연명제이고 결론이 논리적 거짓이면 이 논증은 타당한가?
   ④ 전제들 중의 하나인 Pi이 논리적 거짓이면 이 논증은 타당한가?
   ⑤ {P1, ..., Pn}이 일관성이 있고 C가 우연명제이면 이 논증은 타당한가?

2. □가 논리적 진실이고 △와 ○가 동치이면 아래의 논증은 타당한가?

3. □와 △가 동치이고 ○가 우연명제이면 이 논증은 타당한가?

4장. 논리학의 기본개념

4. 아래의 논증에서 □와 ○가 논리적 동치인 우연명제들이고 △가 논리적 진실, ☆이 논리적 거짓이면 이 논증은 타당한가?

$$\begin{array}{c} \square \\ \triangle \\ \bigcirc \\ \hline \star \end{array}$$

5. 한 논증의 결론이 논리적 거짓일 경우에도 그 논증이 타당할 수 있는가?

6. 논리적 진실의 형식들을 열거하라.

7. 어느 집합이 일관성이 있는 집합인가?
   a) {금성에 포유류가 살고 있다. 보아는 미국의 대통령이다.}
   b) {금성에 포유류가 살거나 금성에 공룡이 살고 있다. 금성에는 공룡이 살지 않는다. 금성에는 포유류가 살지 않는다.}

8. 논리적 일관성이 무시되는 구체적 사례를 열거하라.

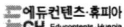

5장. 논증의 여러 가지 형태

학문 활동에서는 물론 우리들이 일상에서 행하는 판단이나 주장들은 모두 논증에 근거하고 있다고 해도 과언이 아니다. 따라서 우리가 일상에서 접하는 논증들도 다양한 형태를 띨 수밖에 없다. 이 장에서는 논증의 여러 형태와 관련해서 몇 가지 유의할 점을 살펴보겠다.

4장에서 우리는 일상에서 우리가 접하는 논증이 실제로 좋은 논증이기 위해서는 그 논증이 건전한 논증이어야 한다는 것에 대해 배웠다.

앞에서 배웠듯이 건전한 논증은 논리적으로 좋은 논증이고 동시에 전제들이 모두 실제로 참이어야 한다. 따라서 일상에서 접하는 논증이 실제로 좋은, 우리에게 유익한 논증인가에 대한 평가방법은 아래처럼 정리될 수 있을 것이다.

1. 〈구체적 논증이 건전한(실제로 좋은) 논증인가를 평가하는 방법〉
　ⅰ) 논리적으로 좋은 논증인지를 판단하라.
　　① 연역논증일 경우 타당한가의 여부를 판단하라.
　　② 귀납논증일 경우 개연성이 높은가를 판단하라.
　ⅱ) 전제들이 실제로 참인가를 판단하라.
　ⅲ) 타당하거나 개연성이 높고 전제들이 실제로 참이면 건전한 논증이다.

1에 따르면 아래의 논증들 중 첫 번째 논증은 실제로 좋은 논증인 반면 두 번째는 실제로 좋은 논증이 아니다.

　　모든 사람은 죽는다.
　　길동이는 사람이다.
　　―――――――――――
　　길동이는 죽는다.

　　사자는 초식동물이거나 양서류이다.
　　사자는 양서류가 아니다.
　　―――――――――――
　　사자는 초식동물이다

논리와 비판적 사고

전자는 타당한 논증이고 두 전제들이 모두 실제로 참이므로 결론의 참이 보장되는 실제로 좋은 유익한 논증이다. 이에 반해 후자의 경우 타당하기는 하지만 첫 번째 전제가 실제로 참이 아니므로 논리적으로는 좋은 논증이지만 실제로 좋은 논증이라 할 수 없다.

전제들 중 일부가 생략된 논증

앞에서 거론된 대부분의 논증은 전제들과 결론이 명확하게 언급된 논증이다. 따라서 이들이 실제로 좋은 논증인가의 여부는 1에 따라 쉽게 판정될 수 있다. 그러나 일상생활에서 우리들이 흔히 접하게 되는 많은 논증들의 경우 전제들 중의 일부나 결론이 생략되거나 명확하지 않게 기술된 것을 흔히 접하게 된다. 이럴 경우 1에 따라 실제로 좋은 논증인가를 판단하기 위해서는 생략된 전제나 결론을 우리 스스로 찾아내거나 명확하지 않게 기술된 것을 명확하게 재기술해야 한다. 한 예로 가정주부 A씨가 평일 오후 2시경에 자신이 자주 들리는 백화점의 주차장을 보고 아래처럼 말했다고 하자.

주차장이 텅 비어 있는 것을 보니 이 백화점은 오늘 문을 열지 않았을 것이다.

가정주부 A씨의 말은 논증의 형태를 갖추고 있다. '주차장이 텅 비어 있다'는 사실이 '이 백화점이 오늘 문을 열지 않았으리라'는 판단의 증거로 사용되고 있기 때문이다. 따라서 A씨의 주장은 아래의 형태를 갖춘 논증이라 할 수 있다.

P1 A백화점 주차장이 텅 비어 있다.
―――――――――――――――――――
ⓒ A백화점은 오늘 문을 열지 않았다.

A씨의 논증은 그 자체로서는 타당한 논증이 아니다. 그러나 A씨가 P1으로부터 결론 ⓒ를 도출해 내는 데에는 A씨의 과거의 경험이 일정한 역할을 했을 것이다. 아마도 A씨는 평일 오후 2시경에는 A백화점 주차장이 차들로 가득 차고 백화점도 고객들로 가득 찼었다는 경험들을 가지고 있을 것이고, 이 경험들이 오늘 A백화점의 주차장이 텅 비었다는 사실과 함께 결론 ⓒ를 도출하는 역할을 했을 것이다. 따라서 A씨의 논증은 아래처럼 재구성되어야 한다.

5장. 논증의 여러 가지 형태

평일인 오늘 오후 2시에 A백화점의 주차장에 차들이 주차되어 있지 않다.
오늘 A백화점이 개장되어 있다면 오후 2시경 A백화점의 주차장은 차들이 많이 주차되어 있을 것이다.

오늘 A백화점은 문을 열지 않았다.

타당한 논증이다. 또한 A씨의 예를 실제로 벌어진 일이라 가정할 경우 전제들은 모두 실제로 참이라 할 수 있을 것이다. 따라서 1에 따라 이 논증은 실제로 좋은 논증이라 할 수 있다.

앞에서 볼 수 있듯이 일상생활에서 접하는 논증의 경우에 전제가 너무 당연하거나 상황이나 문맥을 통해 파악될 수 있을 경우 그 전제는 생략될 수 있다. 이 경우 1에 따라 그 논증을 평가하기 위해서는 그 생략된 전제들을 찾아내고, 전제나 결론이 명확히 기술되지 않았을 경우 명확하게 재기술되어야 한다.

복잡한 형태의 논증

앞에서 보았듯이 일상생활에서 접하게 되는 논증이 간단한 논증형식으로 구성되었을 경우 생략된 전제나 결론을 찾아내거나 불명확한 명제들을 명확하게 재기술함에 의해 그 논증이 실제로 좋은 논증인지의 여부를 판단할 수 있다. 그러나 신문의 사설 등에서 흔히 볼 수 있듯이 일상적으로 접하게 되는 논증들의 대부분은 간단한 논증형식으로 구성된 것이 아니라 여러 논증들이 함께 사용된 복잡한 형태이다. 이처럼 복잡한 논증들의 경우 그 논증이 실제로 좋은 논증인가를 판단하기 위해서는 사용된 논증형식을 모두 찾아내야 한다. 구체적인 예를 통해 이를 살펴보겠다.

바닷가에 사는 A라는 어부는 동일한 구조와 재질 그리고 동일한 모양을 가진 두 척의 배를 사들여 한 척은 북한강호로 다른 한 척은 남한강호로 명명했다. 선원을 구하기 힘든 사정 때문에 A는 두 척 중 오직 북한강호만을 사용하고 남한강호는 포구에 정박시켜 놓았다. 북한강호만을 사용하여 조업행위를 하였기 때문에 북한강호를 구성하고 있는 부분들이 낡고 고장나게 되었고, 이에 따라 A는 북한강호의 고장난 부분을 남한강호에서 떼어내서 대체하고 남한강호의 떼어낸 부분은 북한강호에서 떼어낸 부분으로 대체하였다. 이러한 과정을 통해 결국에는 북한강호를 구성하는 모든 부분들은 남한강호의 부분들로 대체되었고 남한강호

논리와 비판적 사고

를 구성하는 모든 부분들은 북한강호를 구성하고 있는 부분들로 대체되었다. 이 경우 A가 배 두 척을 사들인 시간을 T_0이라 하고 두 척의 배의 부분들이 완전히 서로 교체된 시간을 T_n이라 하면 T_0에서의 북한강호는 T_n에서의 어느 배와 동일한 배인가? 이 질문에 대해 "T_0에서의 북한강호는 T_n에서의 북한강호와 동일하다."고 답변하면 이 답변은 T_0에서의 북한강호는 T_n에서의 북한강호와 전혀 다른 부분들로 되어 있다는 사실과 상충된다. 반면에 "T_0에서의 북한강호는 T_n에서의 남한강호와 동일한 배이다"라는 답변은 T_1, T_2의 시간을 거쳐 T_n에 이르기 까지 북한강호의 하나의 부분들이 교체될 때마다 우리는 그 배를 북한강호라고 부르며 동일한 하나의 배로 취급해 왔다는 사실과 상충된다.

앞의 글은 시공 속에서 끊임없이 변화하는 개체들이 시간의 경과에 따라 야기하는 철학적 문제를 하나의 예를 통해 나타낸 것이다. 이처럼 비교적 긴 지문으로 구성된 논증이 실제로 좋은 논증인가를 판단하기 위해서 제일 먼저 착수해야 할 일은 이 글의 결론을 찾아내는 것이다. 이 글에서 저자는 T_0에서의 북한강호를 T_n에서의 북한강호라 하는 것도 T_n에서의 남한강호라 하는 것도 문제가 있다는 주장을 하고 있다. 또한 저자는 'T_0에서의 북한강호는 T_n에서의 북한강호와 동일하다'는 대답은 T_0에서의 북한강호는 T_n에서의 남한강호와 전혀 다른 성분으로 구성되어 있다는 사실과 상충된다는 것과 'T_0에서의 북한강호는 T_n에서의 남한강호와 동일하다'는 대답은 T_0에서의 북한강호는 T_0에서 T_n에 이르기 까지 남한강호로 간주되지 않았다는 사실과 상충된다는 것을 자신의 주장의 근거로 삼고 있다. 이렇게 볼 때 앞의 글을 논증의 형태로 구성할 경우 아래처럼 정리될 수 있다.

P1) 'T_0에서의 북한강호는 T_n에서의 북한강호와 동일한 배이다'라는 주장은 T_0에서의 북한강호와 T_n에서의 북한강호는 전혀 다른 성분으로 구성되었다는 사실과 상충된다.

P2) 'T_0에서의 북한강호는 T_n에서의 남한강호와 동일한 배이다'라 는 주장은 T_0에서의 북한강호는 T_0에서 T_n에 이르기까지 남한강호로 간주되지 않았다는 사실과 상충된다.

C) T_0에서의 북한강호는 T_n에서의 북한강호도 T_n에서의 남한강호도 아니다.

5장. 논증의 여러 가지 형태

앞의 글을 논증의 형태로 정리한 앞의 논증은 명확한 논증의 형식을 취하고 있다고 할 수 없다. 전제들은 명제들 사이의 논리적 관계가 드러나도록 명확하게 기술되어 있지 않기 때문이다. 우선 P1)과 P2)에서 '일정한 주장이 일정한 사실과 상충된다.'는 표현은 매우 애매모호한 표현이다. 결론과의 관계를 고려할 때 P1)과 P2)는 각기 P1')과 P2')로 재기술될 수 있고 따라서 전체 논증은 아래처럼 정리될 수 있다.

P1') ⓐ 만약 한 개체 A와 한 개체 B의 구성 성분이 완전히 다르다면 A와 B는 동일한 하나의 개체가 아니다.
ⓑ T_0에서의 북한강호는 T_n에서의 북한강호와 전혀 다른 성분으로 구성되어 있다.
ⓒ (따라서 ⓐ와 ⓑ로부터) T_0에서의 북한강호는 T_n에서의 북한강호와 동일한 배가 아니다.

P2') ⓓ 만약 T_0에서 T_n에 이르기까지 하나의 개체 A를 B로 간주하지 않았다면 A와 B는 동일한 하나의 개체일 수 없다.
ⓔ T_0에서의 북한강호는 T_0에서 T_n에 이르기까지 남한강호로 간주되지 않았다.
ⓕ (따라서 ⓓ와 ⓔ로부터) T_0에서의 북한강호는 T_n에서의 남한강호와 동일한 배가 아니다.

C) T_0에서의 북한강호는 T_n에서의 북한강호도 T_n에서의 남한강호도 아니다.

P1')에서 ⓐ는 ⓒ를 유도하기 위해 필요한 생략된 원칙이고 ⓑ는 앞의 글에 기술된 내용이며 ⓒ는 ⓐ와 ⓑ로부터 귀결된 명제이다. 또한 P2')에서도 ⓓ는 ⓕ를 유도하기 위해 필요한 생략된 원칙이고 ⓔ는 앞의 글에 기술된 내용이며 ⓕ는 ⓓ와 ⓔ로부터 귀결된 명제이다. 따라서 ⓐ와 ⓑ는 ⓒ를 위한 전제들로 사용되었고 ⓓ와 ⓔ는 ⓕ를 위한 전제들로 사용되었다. 또한 ⓒ와 ⓕ는 결론인 C)를 유도하기 위한 전제로 사용되었다. 결국 앞의 논증은 아래의 세 가지 논증이 함께 사용된 논증이라 할 수 있다.

i) ⓐ ii) ⓓ iii) ⓒ
 ⓑ   ⓔ   ⓕ
 ―   ―   ―
 ⓒ   ⓕ   C)

i)과 ii)와 iii)은 모두 타당한 논증이다. 결국 앞의 논증은 타당한 논증인 iii)의 전제들 ⓒ와 ⓕ 각각에 대해 타당한 논증인 i)과 ii)가 사용된 형식이라 할 수 있다. 따라서 우리가 타당성의 관계를 '↓'로 개연성의 관계를 '⇓'를 사용하여 나타낸다면 e)의 명제들의 논리적 관계는 아래처럼 표현될 수 있다.

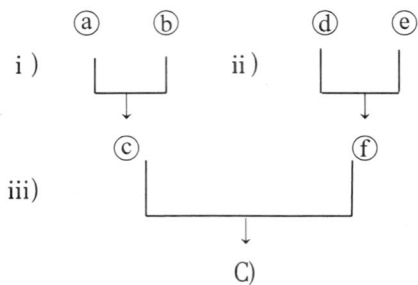

i)과 ii)와 iii)은 모두 타당성의 관계를 만족시키고 있다. 따라서 앞의 논증은 타당한 논증이다. 그러나 필자의 견해로는 실제로 좋은 논증일 수는 없을 것 같다. 전제 ⓒ를 옹호하기 위한 원칙으로 사용된 ⓐ가 타당한 원칙으로 간주되기에는 문제가 있을 것으로 보이기 때문이다. 시간의 경과에 따라 모양과 그 구성 성분들이 끊임없이 변화하는 하나의 개체는 시간의 흐름에 따라 처음과 완전히 다른 성분으로 구성될 수도 있을 것이기 때문이다.

앞에서의 분석을 고려하면 긴 지문의 복잡한 논증이 실제로 좋은 논증인가를 평가하기 위한 방법은 아래와 같이 정리될 수 있다.

2. 〈복잡한 논증에 대한 건전성 판단방법〉
   i) 글에서 필자가 전달하고자 하는 주된 주장을 찾아내라.
   ii) 글에서의 주된 주장을 논리적 관계가 명확히 드러나도록 기술하여 전체논증의 결론으로 삼아라.
   iii) 결론을 정당화하기 위해 사용된 명제들(전제들)을 찾아내고 이들을 결론과 연관하여 그 논리적 관계가 드러나도록 명확하게 기술하라.
   iv) 결론을 정당화하기 위해 사용된 전제들을 정당화하기 위해 사용된 다른 명제들이나 생략된 원칙들을 찾아내고 이들을 명확하게 재기술하라.
   v) 논증을 구성하고 있는 명제들 사이의 논리적 관계를 명확하게 나타내라.
   vi) 만약 결론에 이르기까지 사용된 논증들 모두가 각기 타당하거나 개연성이 높은 논증일 경우 그 논증은 논리적으로 좋은 논증이다.
   vii) 논리적으로 좋은 논증일 경우 전제들이 실제로 참인지 여부를 판단하라.

5장. 논증의 여러 가지 형태

viii) 논리적으로 좋은 논증이고 전제들이 실제로 참이면 그 논증은 실제로 좋은 논증이다.

논증의 결론을 구하는 퍼즐

학문 활동이나 일상생활에서 접하는 주장이나 판단들과 마찬가지로 퍼즐들도 논증의 형태로 분석될 수 있다. 그러나 퍼즐은 다른 종류의 논증들과 다른 측면을 가지고 있다. 우리가 일반적으로 접하는 논증들은 주장이나 판단을 지지하거나 증거로 제시된 전제들과 결론으로 구성되어 있는 반면 퍼즐의 경우에는 퍼즐풀기를 위해 필요한 조건들만이 제시되어 있기 때문이다. 퍼즐에서 제시된 조건들을 전제라 하면 퍼즐풀기란 전제들과 결론으로 구성된 논증이 좋은 논증인지 여부를 판단하는 것이 아니라 전제들로부터 도출되는 타당한 결론을 찾아내는 것이라 할 수 있다.

다양한 종류의 수많은 퍼즐들이 존재한다. 이들 중 우리에게 익숙하고 재미있는 퍼즐을 논증의 형태로 분석해보겠다.

~~사진 속의 남자~~

한 사진 전시회에서 노신사가 오랫동안 한 남자의 사진 앞에 서서 사진 속의 남자를 물끄러미 응시하고 있었다. 이 광경을 목격한 유난히 호기심이 많은 사람인 길동이는 특유의 호기심이 발동하여 다음과 같이 노신사에게 물었다.
"사진 속의 남자는 당신과 어떤 관계입니까?"
길동이의 질문에 노신사는 아래처럼 답했다.
"나는 형제자매가 없는데 이 남자의 아버지는 나의 아버지의 아들이다."
노신사의 대답을 들은 길동이는 사진 속 남자와 노신사의 관계를 알아낼 수 있었다. 사진 속 남자는 노신사와 어떤 관계인가?

이 퍼즐을 접하는 사람들이 제시하는 가장 흔한 답변은 '사진 속 남자는 바로 노신사 자신'이라는 것이다. 오래전 필자가 강의하는 논리학 시간에 이 퍼즐을 제시한 적이 있는데 대다수의 학생들은 '사진 속의 남자는 노신사 자신'이라고 답했고 오직 일부의 학생만이 '사진 속의 남자는 노신사의 아들'이라 답했던 것으로 기억한다. 결론부터 말하면 이 퍼즐의 정답은 '사진 속 남자는 노신사의 아들'이다. 논증으로 재구성하여 분석하면 사진 속 남자는 노신사의 아들이라는 것이 명백하게 드러난다. 퍼즐의 정답을 추론하기 위한 결정적인 열쇠는 노신사의 말이므로 '사진 속 남자'와 관련된 퍼즐은 아래처럼 논증으로 나타낼 수 있다.

노신사는 형제자매가 없다.
사진 속 남자의 아버지는 노신사의 아버지의 아들이다.
───
사진 속 남자는 노신사의 --- 이다.

전제들로부터 '사진 속 남자는 노신사의 아들이다'라는 명제가 연역적으로 도출된다. 따라서 결론에서 '---'의 공간을 '아들'로 채우면 앞의 논증은 타당한 논증이다.

전제들로부터 "사진 속 남자는 노신사의 아들이다."라는 결론이 도출된다는 것을 구체적으로 살펴보겠다. 첫 번째 전제에 따르면 노신사는 형제자매가 없으므로, 노신사는 노신사 아버지의 유일한 자식이고 노신사의 아버지의 아들은 노신사 자신이어야 한다. 따라서 두 번째 전제에서 '노신사의 아버지의 아들'이라는 표현은 노신사 자신을 지칭한다. '노신사의 아버지의 아들'과 '노신사'는 동일한 대상을 지시하므로, 두 번째 전제에서 '노신사의 아버지의 아들'을 '노신사'로 대체하면 "사진 속 남자의 아버지는 노신사이다."라는 명제가 연역적으로 도출된다. 결국 노신사는 사진 속 남자의 아버지이므로 사진 속 남자는 노신사의 아들이다. 학창생활 때 수시로 접했던 시험문제를 포함한 대부분의 문제들은 퍼즐과 마찬가지로 주어진 전제들로부터 도출되는 결론을 찾으라는 요구라 할 수 있다.

논증으로 본 패러독스

'패러독스'는 흔히 '이치나 알려진 것에 어긋나거나 반대되는 것'을 뜻하는 '역리(逆理)' 혹은 '역설(逆說)'이라 번역된다. 또한 패러독스(paradox)는 'para'와 'doxa'가 합쳐진 합성어이므로 어원적으로 볼 때 패러독스는 우리들이 일반적으로 받아들이는 견해나 믿음인 지식이나 상식을 넘어선 것이나 반대되는 것을 의미한다고 할 수 있다. 그러나 패러독스의 한문 표현인 역리나 역설에 대한 문자적 의미나 패러독스에 대한 어원적 의미는 패러독스의 근본적인 성격을 드러내고 있다고 할 수 없다. 이치에 어긋나거나 받아들여진 견해에 어긋나거나 반대되는 것들의 대부분은 패러독스라 할 수 없기 때문이다.

우리에게 알려진 대부분의 패러독스는 논증으로 분석될 수 있다. 따라서 논증의 형태로 분석할 경우 패러독스는 아래처럼 설명될 수 있다.

5장. 논증의 여러 가지 형태

3. 하나의 논증 □가 아래의 조건들을 모두 만족시키면 논증 □는 패러독스이다.
   ⅰ) 논증 □는 건전한 논증으로 평가된다.
      ① □는 타당한 것으로 평가된다.
      ② □의 전제들은 모두 실제로 참인 것으로 평가된다.
   ⅱ) 논증 □의 결론은 논리적 모순이거나 (받아들여진 견해나 믿음(상식이나 지식)에 비추어 볼 때) 명백하게 거짓으로 평가된다.

3에 따르면 패러독스란 전제들이 실제로 참이고 타당한 것으로 평가되어 실제로 좋은 건전한 논증의 결론이 명백하게 거짓인 논증이다. 한 논증이 건전하면 논증의 전제들이 실제로 참이고 타당해야 한다. 또한 한 논증이 타당하면 전제들이 모두 참이고 결론이 거짓일 가능성이 없으므로, 건전한 논증의 결론은 실제로 참이어야한다. 따라서 (건전한 논증으로 평가되는 논증으로부터 명백하게 거짓인 결론이 도출되는) 패러독스는 3에 따라 아래의 세 가지 중 하나로 설명될 수 있다.

① 전제들이 모두 실제로 참으로 평가되었지만 전제들 중 일부는 실제로 참이 아니다.
② 타당한 논증으로 평가되었지만 실제로 타당한 논증이 아니다.
③ 받아들여진 견해나 믿음(상식이나 지식)에 비추어 볼 때 논증의 결론은 명백한 거짓으로 평가되지만 논리적으로 볼 때 전제들 중 일부를 부정하지 않는 한 수용할 수밖에 없다.

적지 않은 수의 패러독스들은 ②의 경우에 해당되는 것으로 설명할 수 있다. 제논의 화살의 패러독스 등이 ②에 해당하는 대표적인 경우라 할 수 있다. 그러나 ②에 해당하는 패러독스들은 타당하지 않은 논증을 타당한 것으로 잘못 판단하여 발생한 것이다. 따라서 엄격하게 말하면 ②에 해당하는 것들은 패러독스가 아니라 논리적 오류라 할 수 있다.

대부분의 중요한 패러독스들은 ①이나 ③의 경우에 해당한다. ①이나 ③에 해당하는 패러독스들은 학문 활동을 포함하여 이성적 사고를 요구하는 지적 영역에서 매우 중요한 점을 시사하고 있다고 할 수 있다. ①은 우리들이 실제로 참이라 여기며 당연시하고 있는 명제들이 실제로 거짓인 경우이고 ③은 우리들의 상식이나 지식에 위배되는 결론이 전제들을 부정하지 않는 한 수용할 수밖에 없는 경우이므로, ①이나 ③에 해당하는 패러독스들은 상식이나 지식을 포함한 우리의 사고체계에 중대한 문제점이 내재하고 있다는 것을 나타내고 있기 때문이다. 특히 ③에 해당하는 패러독스들이 우리들이 주목해야 할 가장 중요하고 난해한 패러독스라 할 수 있다. ③에 해당하는 상당수의 패러독스들의 결론은 논리적 모순이므로, ③에 해당하는 패러독스들에서는 실제로 참인 전제들로부터 논리적 모순처럼 명백하게 거짓인 결론이 도출되기 때문이다. 여기서는 ③에 해당하는 패러독스로 지성사적으로 막대한 영향을 끼친 집합과 관련한 러셀의 패러독스를 논증의 형태로 분석해보겠다.

~~러셀의 패러독스~~

집합은 자기 자신이 자신의 원소가 될 수 없는 정상적인 집합과 자기 자신이 자신의 원소가 될 수 있는 비정상적인 집합으로 나눌 수 있다. 한 예로 사람들의 집합 자체는 사람이 아니므로 정상적인 집합이지만 아래의 집합은 비정상적인 집합이다.

A={x: x는 집합이다.}

A도 하나의 집합이므로 집합 A에 대한 규정에 따라 A의 원소이어야 할 것이기 때문이다. 이제 아래의 집합 a를 고려해보자.

a={x: x는 집합이고, x는 x의 원소가 아니다.} (a={x: x is a set & $x \notin x$})

a는 자기 자신이 자신의 구성요소가 될 수 없는 집합들로 구성된 집합이므로 a는 정상적인 집합들로 구성된 집합이다. 그렇다면 a는 a에 속하는가? 다시 말해 a는 a의 원소인가 ($a \in a$)?

우선 a가 a에 속한다면 ($a \in a$), a는 정상적인 집합들로 구성되었다는 a에 대한 규정에 따라 a는 a에 속할 수 없다 ($a \notin a$). 또한 a가 a에 속하지 않는다면 ($a \notin a$), a는 정상적인 집합들의 집합이라는 a에 대한 규정에 따라 a는 a에 속한다 ($a \in a$). 따라서 정상적인 집합 a로부터 모순이 발생한다.

5장. 논증의 여러 가지 형태

러셀의 패러독스는 다음과 같은 논증으로 표현될 수 있다.

P1) $a(a=\{x: x\text{는 집합이고 } x\text{는 } x\text{에 속하지 않는다}(x \notin x).\})$는 정상적인 집합들의 집합이다.
P2) a는 a에 속하거나($a \in a$), a는 a에 속하지 않는다($a \notin a$).

---

③ a가 a에 속한다면, a는 a의 원소이므로 정상적인 집합들의 집합이란 a에 대한 규정에 따라 a는 정상적인 집합이고, 따라서 a는 a에 속하지 않는다.
④ a가 a에 속하지 않는다면 a는 정상적인 집합이므로, a는 정상적인 집합들의 집합이란 a에 대한 규정에 따라 a는 a에 속해야한다.

ⓒ a는 a에 속하고 속하지 않는다.

전제들이 모두 참이고 동시에 결론이 거짓일 가능성이 없으므로 앞의 논증은 타당하다. 또한 전제들은 모두 실제로 참이라 할 수 있다. 전제 P1은 a가 정상적인 집합들의 집합이라는 주장에 불과하고 전제 P2는 논리적 진실이며 ③과 ④는 정상적인 집합들의 집합인 a에 대한 규정을 따른 필연적인 귀결에 불과하기 때문이다. 따라서 앞의 논증은 전제들이 실제로 참이고 타당해야 한다는 연역논증에서의 건전성 기준을 만족시킨다. 그러나 논증의 결론은 논리적 모순이다. 이렇게 볼 때 러셀의 패러독스는 패러독스의 세 가지 경우 중 마지막 경우인 논증의 결론이 명백하게 거짓으로 판단되지만 전제들의 일부를 부정하지 않는 한 결론을 수용할 수밖에 없는 경우에 해당한다 할 수 있다.

러셀의 패러독스는 집합론 그리고 집합이라는 개념 자체에 근본적인 문제점이 있다는 것을 보여주는 패러독스라 할 수 있다. 러셀의 패러독스가 세인들에게 가장 널리 알려진 패러독스이고 동시에 학문적으로 또한 지성사적으로 중요하고 영향력이 지대한 패러독스인 때문인지 러셀의 패러독스는 그 내용을 알기 쉬운 비유로 표현한 여러 가지 형태가 존재한다. 이 중 가장 유명한 것이 이발사의 패러독스와 시장의 패러독스라 할 수 있다.

논리와 비판적 사고

연습문제

1. 일상에서 접하는 일반적 논증과 퍼즐의 차이점은 무엇인가?

2. 아래의 퍼즐을 논증으로 구성하고 퍼즐의 답을 구하라.

~~공주는 어느 방에 있는가?~~

　악마의 성에는 각기 빨간색, 파란색, 노란색으로 칠해진 세 개의 방이 있는데 악마는 이중 하나의 방에 공주를 감금했다. 악마는 왕자에게 공주가 있는 방을 한 번에 알아내면 공주를 풀어주고, 그렇지 않으면 공주와 왕자를 모두 죽이겠다고 약속했다. 각 방의 문에는 문장이 하나씩 쓰여 있는데 이 중 한 문장만 참이라고 한다. 빨간색으로 칠해진 방의 문에는 "이 방에는 공주가 없다."라는 문장이, 파란색으로 칠해진 방의 문에는 "이 방에 공주가 있다."라는 문장이, 끝으로 노란색으로 칠해진 방의 문에는 "파란색으로 칠해진 방에는 공주가 없다."라는 문장이 쓰여 있었다. 총명한 왕자는 각 방문에 쓰인 문장들을 읽고 공주가 있는 방을 찾아낼 수 있었고 악마는 약속대로 공주와 왕자를 풀어주었다. 왕자는 어느 방을 선택했을까?

3. 아킬레스와 거북이(Tortois)의 패러독스를 논증으로 구성하라.

4. 이발사의 패러독스와 시장의 패러독스가 무엇인지를 밝히고 논증으로 구성하라.

5. 신문의 사설 중 하나를 택해서 사용된 복잡한 논증을 논리적으로 분석하라.

2부. 정언명제

에듀컨텐츠·휴피아
Educontents Huepia

6장. 명제들의 종류와 정언명제

기본적인 명제들은 아래처럼 구분될 수 있다.

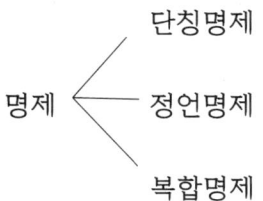

단칭명제

단칭명제는 한 개 이상의 명제들을 연결하는 연결사가 사용되지 않은 명제로서 개체의 속성을 나타내는 명제와 개체들 사이의 관계를 나타내는 명제로 구분될 수 있다.

1. 단칭명제: a) 개체의 속성을 나타내는 명제; 예) 철수는 남자이다.
           b) 개체들 사이의 관계를 나타내는 명제; 예) 철수는 영희보다 키가 크다.

정언명제

정언명제란 주어개념에 속하는 대상들의 집합과 술어 개념에 속하는 대상들의 집합 사이에 성립하는 관계를 나타내는 명제이다.

복합명제

복합명제란 하나 이상의 명제를 결합하기 위한 연결사들이 사용된 명제이다.

논리와 비판적 사고·

2. 복합명제: 조건명제 (조건문); 만약 …이면 ~ (if~then~)
　　　　　연언명제 (연언문); …이고 ~ (and)
　　　　　선언명제 (선언문); …거나 ~ (or)
　　　　　부정명제(부정문); …이 아니다 (not)
　　　　　쌍조건명제 (쌍조건문); … 경우 꼭 그 경우에만 ~ (if and only if)

　기본적인 명제들은 위처럼 정리될 수 있다. 그러나 양상명제(필연성이나 우연성 등을 나타내는 명제)나 시제를 나타내는 시제명제처럼 이 분류에 포함되지 않는 특수한 명제들이 있다.

정언명제(A, E, I, O)

　정언명제들이 포함된 논증을 다루는 논리체계를 정언논리라 한다. 정언명제란 주어·명사가 지시하는 집합과 술어명사가 지시하는 집합 사이의 관계를 나타내는 명제이다. 정언명제는 크게 아래의 네 가지 명제로 구분될 수 있다.

3. A(전칭긍정명제): 모든 S는 P이다. (예) 모든 토끼는 포유동물이다.)
　 E(전칭부정명제): 모든 S는 P가 아니다. (예) 모든 토끼는 포유동물이 아니다.)
　 I(특칭긍정명제): 어떤 S는 P이다. (예) 어떤 토끼는 포유동물이다.)
　 O(특칭부정명제): 어떤 S는 P가 아니다. (예) 어떤 토끼는 포유동물이 아니다.)

　두 집합 사이의 관계를 나타내는 정언명제들은 모두 3의 네 형태 중 하나에 해당한다. 한 예로 '대통령이 아닌 사람이 있다'라는 명제는 O(특칭부정)명제이다. '대통령이 아닌 사람이 있다'는 '어떤 사람은 대통령이 아니다'라는 명제와 동일한 의미이기 때문이다.
　정언진술은 두 개의 집합 사이의 관계를 나타내는 것이므로 정언진술들은 집합을 나타내는 도식을 사용하여 표현될 수 있다. 집합들 사이의 관계를 도식을 사용하여 표현하는 방식은 영국의 논리학자인 벤(J. Venn)에 의해 개발되었다. 벤에 의해 개발된 방식에 따라 3의 명제들을 표현해 보겠다.

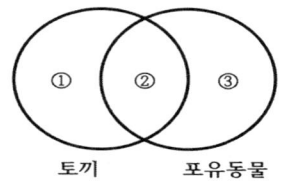

6장. 명제들의 종류와 정언명제

앞의 도식에서 왼쪽 원은 토끼의 집합을 오른쪽은 포유동물의 집합을 나타내고 있다. 따라서 ①은 포유동물이 아닌 토끼의 집합을, ②는 포유동물이면서 토끼인 집합을, ③은 토끼가 아닌 포유동물의 집합을 나타내고 있다. '모든 토끼는 포유동물이다'라는 A명제는 토끼라는 집합에 속한 원소들은 모두 포유동물이라는 집합 속에 포함되어 있다는 주장을 하고 있다. 따라서 이 주장이 성립하려면 ① 부분은 공집합이어야 한다. '모든 토끼는 포유동물이 아니다'라는 E명제는 토끼이면서 동시에 포유동물인 대상이 없다는 주장을 하고 있다. 따라서 이 주장이 성립하려면 ②부분은 공집합이어야 한다. '어떤 토끼는 포유동물이다'라는 I명제는 적어도 하나의 포유동물인 토끼가 있다는 주장을 하고 있다. 따라서 이 주장이 성립하려면 포유동물이면서 토끼의 집합을 나타내는 ②부분이 적어도 하나의 원소를 포함하고 있어야 한다. 끝으로 '어떤 토끼는 포유동물이 아니다'라는 O명제는 적어도 하나의 포유동물이 아닌 토끼가 있다는 주장을 하고 있다. 따라서 이 주장이 성립하려면 포유동물이 아닌 토끼의 집합을 나타내는 ①부분이 적어도 하나의 원소를 포함하고 있어야 한다. 이제 공집합을 '검은색 (빗금)'으로, 하나의 원소를 '×'로 나타내면 정언명제들은 아래처럼 도식화될 수 있다.

A: 모든 S는 P이다.

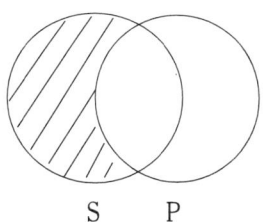

E: 모든 S는 P가 아니다.

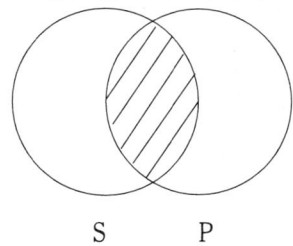

논리와 비판적 사고

I: 어떤 S는 P이다.

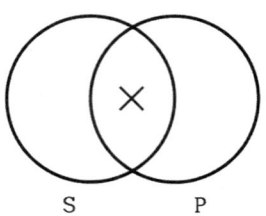

O: 어떤 S는 P가 아니다.

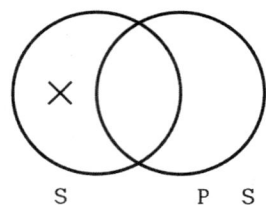

아래의 1)은 A에 속하는 정언명제이고, 1)에 대한 벤 도식은 1')이다.

1) 모든 고래는 포유동물이다.
1')

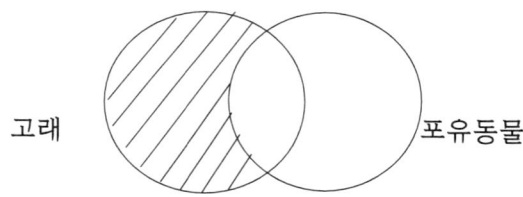

1')에서 볼 수 있듯이 고래이며 포유동물이 아닌 집합은 공집합이다. 따라서 1)이 참이려면 존재하는 모든 대상들 중에서 고래인 대상들은 모두 포유동물이라는 것이 성립해야 한다. 다시 말해서 1)이 참이려면 모든 고래를 살펴볼 경우 모든 고래들은 모두 포유동물이어야 한다.

6장. 명제들의 종류와 정언명제

아래의 2)는 E에 속하는 정언명제이고, 2)에 대한 벤 도식은 2')이다.

2) 모든 양서류는 포유동물이 아니다.
2')

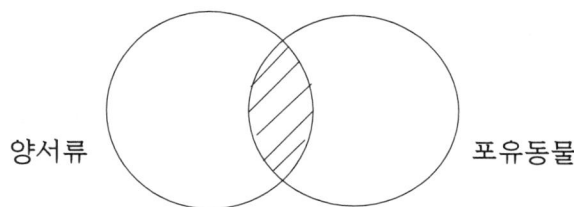

2')에서 볼 수 있듯이 양서류이며 포유동물인 집합은 공집합이다. 따라서 양서류이며 포유동물인 대상은 존재하지 않으므로 2)가 참이려면 '존재하는 모든 대상들 중 양서류인 대상들은 모두 포유동물이 아니다'는 것이 성립해야 한다. 다시 말해서 2)가 참이려면, 모든 양서류를 살펴볼 경우 이 모든 양서류들은 포유류가 아니어야 한다.

아래의 3)은 I에 속하는 정언명제이고, 3')은 3)에 대한 벤 도식이다.

3) 어떤 사람은 대머리이다.
3')

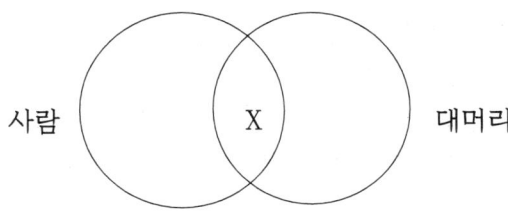

3')에서 볼 수 있듯이 사람이며 대머리인 집합은 적어도 하나의 대상을 포함하고 있다. 따라서 3)이 참이려면 '사람이며 대머리인 대상이 적어도 하나는 존재한다.'가 성립해야 한다. 다시 말해서 3)이 참이려면 사람들 중 적어도 하나는 대머리여야 한다.

논리와 비판적 사고·

아래의 4)는 O에 속하는 정언명제이고, 4')는 4)에 대한 벤 도식이다.

4) 어떤 말은 검은색이 아니다.
4')

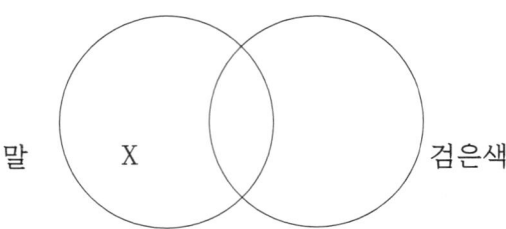

4')에서 볼 수 있듯이 검은색이 아닌 말의 집합은 적어도 하나의 대상을 포함하고 있다. 따라서 4)가 참이려면 '말이며 검은색이 아닌 대상이 적어도 하나는 존재한다.'는 것이 성립해야 한다. 다시 말해서 4)가 참이려면 말들 중 적어도 하나는 검은색이 아니어야 한다.

정언명제들 사이의 논리적 관계

정언명제들 사이에는 아래의 4가지 논리적 관계가 성립한다.

4. 함축관계: □는 △를 함축한다 iff □가 참이고 △가 거짓일 가능성이 없다. (□가 참이면 △는 반드시 참이어야 한다.)
   모순관계: □와 △는 모순이다 iff □와 △는 항상 정반대의 진리치를 가진다.
   반대관계: □와 △는 반대이다 iff □와 △는 동시에 참일 수는 없지만 동시에 거짓일 수 있다.
   소반대관계: □와 △는 소반대이다 iff □와 △는 동시에 참일 수 있지만 동시에 거짓일 수 없다.

정언명제들 사이에 성립하는 논리적 관계는 아래처럼 정리될 수 있다.

5. ① A는 I에 대해, E는 O에 대해 함축관계를 가지고 있다. (A는 I를 E는 O를 함축한다.)
   ② A와 O, 그리고 E와 I는 각기 모순관계에 있다. (A와 O는 모순이고 E와 I는 모순이다.)

6장. 명제들의 종류와 정언명제

③ A와 E는 반대 관계에 있다. (A와 E가 동시에 참일 수 없지만 동시에 거짓일 수 있다.)
④ I와 O는 소 반대 관계에 있다. (I와 O가 동시에 참일 수 있지만 동시에 거짓일 수 없다.)

정언명제들 사이의 논리적 관계가 5처럼 정리될 수 있다는 것을 구체적 예를 통해 살펴보겠다. 우선 A명제인 '모든 고래는 포유동물이다'가 참이면 I명제인 '어떤 고래는 포유동물이다'는 반드시 참이어야 하고, E명제인 '모든 고래는 포유동물이 아니다'가 참이면 O명제인 '어떤 고래는 포유동물이 아니다'는 반드시 참이어야 한다. 따라서 아래에 열거된 논증들은 타당한 논증들이다.

모든 고래는 포유동물이다. (A)	모든 고래는 포유동물이 아니다. (E)
어떤 고래는 포유동물이다. (I)	어떤 고래는 포유동물이 아니다. (O)

앞에 열거된 두 논증들은 전제가 참이고 결론이 거짓일 가능성이 없으므로 타당한 논증이다. 따라서 5의 ①처럼 A는 I에 대해, 그리고 E는 O에 대해 함축관계를 가진다. 이어서 A와 O, 그리고 E와 I 사이에 성립하는 모순관계에 대해 살펴보겠다. A명제인 '모든 고래는 포유동물이다'는 포유동물이 아닌 고래가 적어도 하나 있으면 거짓이고, 따라서 O명제인 '어떤 고래는 포유동물이 아니다'가 참이면 A명제인 '모든 고래는 포유동물이다'는 거짓이다. 반대로 A명제인 '모든 고래는 포유동물이다'가 참이면 O명제인 '어떤 고래는 포유동물이 아니다'는 거짓이어야 한다. 따라서 A와 O 사이에는 모순관계가 성립한다. 마찬가지로 E명제인 '모든 고래는 포유동물이 아니다'가 참이면 I명제인 '어떤 고래는 포유동물이다'는 거짓이고, 반대로 I명제인 '어떤 고래는 포유동물이다'가 참이면 E명제인 '모든 고래는 포유동물이 아니다'는 거짓이어야 한다. 따라서 E와 I 사이에는 모순관계가 성립한다. A와 E 사이에는 반대관계가 성립한다. A명제인 '모든 한국인은 미남이다'가 참이면 E명제인 '모든 한국인은 미남이 아니다'는 거짓이다. 그러나 A명제가 거짓일 경우 E명제는 거짓일 수도 참일 수도 있다. E명제가 참인 모든 한국인이 미남이 아닐 경우에도 A명제는 거짓이고 E명제가 거짓인 일부의 한국인은 미남이고 일부는 아닐 경우에도 A명제는 거짓일 것이기 때문이다. I와 O 사이에는 소반대관계가 성립한다. 일부의 한국인이 미남이고 일부는 아닌 경우 I명제와 O명제는 모두 참이지만 I명제인 '어떤 한국인은 미남이다'가 거짓이면 모든 한국인은 미남이 아니므로 O명제인 '어떤 한국인은 미남이 아니다'는 참일 수밖에 없기 때문이다.

논리와 비판적 사고

연습문제

1. 단칭명제, 정언명제, 복합명제 사이의 차이점에 대해 논하라.

2. 모든 단문은 단칭명제인가?

3. 반대관계와 소반대 관계 사이의 차이점에 대해 설명하라.

4. '길동이는 미남이다'라는 명제와 모순관계에 있는 명제와 반대관계에 있는 명제는 각기 무엇인가?

5. 명제들의 종류에 대해 논하라.

6. 단칭명제, 정언명제, 복합명제의 예를 제시하라.

7. 아래의 명제들의 정언명제의 4가지 중 어디에 속하는지를 설명하라.
   a) 어떤 한국인도 성실하다.
   b) 모든 한국인이 성실한 것은 아니다.
   c) 키가 3m 이상인 한국인은 존재하지 않는다.
   d) 한국인 중 일부는 성실하다.

7장. 직접 추리

직접추리란 하나의 명제로부터 다른 명제를 결론으로 직접적으로 추론하는 것이다.

1) 강원도민인 길동이는 미남이다.
2) 어떤 강원도민은 미남이다.

1)이 참이면 2)는 반드시 참이어야 한다. 따라서 1)이 전제이고 2)가 결론인 논증은 타당하다. 결국 명제 1)로부터 명제 2)를 결론으로 직접 추론할 수 있고 2)는 1)로부터 직접 추리된 결론이다. 논리학에서 사용하는 대표적인 직접추리의 방법은 대당사각형에 의한 방식과 환위, 환질, 이환에 의한 방식이다.

대당사각형

대당사각형은 6장에서 살펴본 정언명제들 사이에 성립하는 논리적 관계를 도식으로 나타낸 것이다.

1.

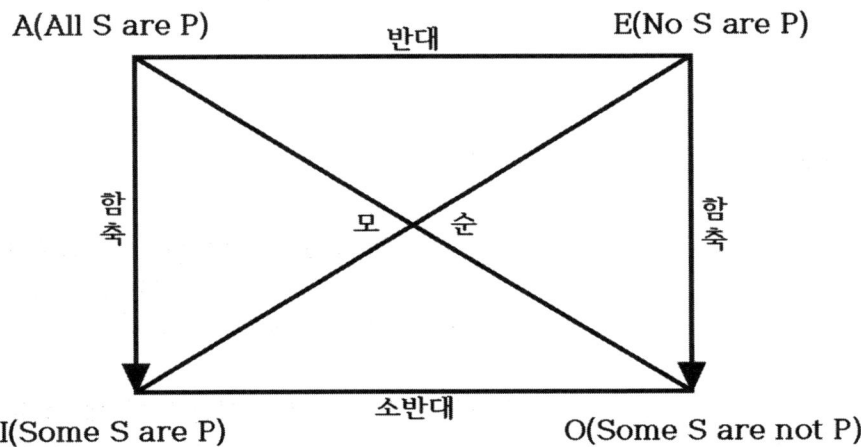

논리와 비판적 사고·

대당사각형을 이용하여 한 정언명제가 참이거나 거짓일 경우 다른 명제들의 진리치를 파악할 수 있다.

2. A명제가 참: E명제는 거짓(동시에 참일 수 없으므로).
   O명제는 거짓(정반대의 진리치를 가지므로).
   I명제는 참(A가 참이면 I는 거짓일 수 없으므로).
   A명제가 거짓: E명제는 알 수 없다(동시에 거짓일 수 있으므로).
   O명제는 참(정반대의 진리치를 가지므로).
   I명제는 알 수 없다(O와 I는 동시에 참일 수 있으므로).
   E명제가 참: A명제 거짓, O명제 참, I명제 거짓.
   E명제가 거짓: A, O명제 알 수 없고, I명제 참.
   I명제가 참: E명제 거짓, A, O명제 알 수 없다
   I명제가 거짓: A명제 거짓, E, O명제 참.
   O명제가 참: A명제 거짓, E, I명제 알 수 없다.
   O명제가 거짓: A명제 참, E명제 거짓, I명제 참.

한 예로 아래의 명제를 살펴보겠다.

   모든 한국남자가 미남인 것은 아니다

이 명제가 참이려면 미남이 아닌 한국남자가 최소한 한 명은 존재해야 한다. 따라서 이 명제는 '어떤 한국남자는 미남이 아니다'라는 의미를 가진 O명제이다. 따라서 이 명제가 참일 경우 A명제인 '모든 한국남자는 미남이다'가 거짓임이 도출될 뿐 E와 I의 진리치는 알 수 없다. 반면에 이 명제가 거짓일 경우 A와 I는 참이고 E는 거짓이다.

환위, 환질, 이환

다른 명제의 도움 없이 하나의 명제로부터 결론을 도출해내는 직접추리의 다른 방식은 환위, 환질, 이환을 이용하는 것이다. 환위, 환질, 이환을 이해하기 위해서는 우선 '주연(distribution)'이라는 개념에 대한 이해가 요구된다.

3. 한 명제에서 한 개념 □는 주연되었다 iff 그 명제가 개념 □에 해당하는 대상들의 집합의 모든 원소들에 대해 일정한 언급을 하고 있다.

7장. 직접 추리

A명제의 경우 주어개념은 주연되었고 술어개념은 주연되지 않았다.

모든 한국인은 성실하다.

이 명제는 A명제이다. 주어에 해당하는 집합은 모든 한국 사람을 망라한 '한국인'의 집합이고 술어에 해당하는 집합은 모든 성실한 것들을 망라한 '성실한 것'의 집합이다. 이 문장은 개개의 한국인 모두에 대해 성실하다고 언급하고 있지만, 성실한 것들 모두가 한국인이라고 주장하는 것은 아니다. 따라서 이 문장에서 주어인 한국인은 주연되었지만 술어는 주연되지 않았다.

E명제의 경우 주어개념과 술어개념 모두 주연되었다.

모든 자린고비는 자비로운 사람이 아니다.

이 명제는 E명제이다. 주어에 해당하는 집합은 자린고비들의 집합이고 술어에 해당하는 집합은 모든 자비로운 사람들로 구성된 집합이다. 이 문장은 자린고비들로 구성된 집합의 원소인 자린고비들 모두는 자비로운 사람이 아니라고 주장하고 있다. 또한 모든 자린고비들이 자비로운 사람이 아니면 어떤 자비로운 사람도 자린고비가 아니다. 따라서 이 문장에서 주어와 술어 모두가 주연되었다.

I명제의 경우 주어개념과 술어개념 모두가 주연되지 않았다.

어떤 미남은 서울 사람이다.

이 명제는 I명제이다. 이 명제는 미남 전체가 아닌 일부가 서울 사람이라고 주장하고 있고 따라서 서울 사람 모두가 아닌 일부의 서울 사람들이 미남이라고 주장하는 명제이다. 따라서 이 문장에서 주어와 술어 모두 주연되지 않았다.

O명제의 경우 주어개념은 주연되지 않았고 술어개념은 주연되었다.

어떤 한국인은 미남이 아니다.

이 명제는 O명제이다. 이 명제는 한국인 전체가 아니라 일부가 미남이 아니라고 주장한다. 따라서 주어인 한국인은 주연되지 않았다. 그러나 술어인 미남은 주연되었다고 할 수 있다. 미남이 아닌 한국인을 x라 하면 모든 미남은 미남이 아닌 한국인인 x가 아닐 것이기 때문이다.

4. 정언명제들의 주연 관계
   A: 모든 S (주연)는 P (비주연)이다.
   E: 모든 S (주연)는 P (주연)가 아니다.
   I: 어떤 S (비주연)는 P (비주연)이다.
   O: 어떤 S (비주연)는 P (주연)가 아니다.

환위란 주연되지 않았던 것이 주연됨이 없이 정언명제의 주어와 술어를 교환하는 것이다.

5. 환위는 정언명제의 주어와 술어의 위치를 교환하는 것이다(단, 주연되지 않았던 것이 환위의 결과로 주연되어서는 안 된다.).
   A명제: 제한환위 ; 모든 S는 P이다 → 어떤 P는 S이다.
   E명제: 환위   ; 모든 S는 P가 아니다 → 모든 P는 S가 아니다.
   I명제: 환위   ; 어떤 S는 P이다 → 어떤 P는 S이다.
   O명제: 환위 불가; 어떤 S는 P가 아니다 → ×

E명제의 경우 주어와 술어가 모두 주연되었고 I명제의 경우 주어와 술어가 모두 주연되지 않았으므로 주어와 술어의 위치를 교환해도 주연관계가 변화하지 않는다. 따라서 E명제와 I명제의 경우 자유롭게 환위할 수 있다. O명제의 경우 주어는 주연되지 않았지만 술어는 주연되었으므로 주어와 술어의 위치를 교환할 경우 주연되지 않았던 주어가 주연된다. 결국 주연되지 않았던 것이 주연되어서는 안된다는 환위의 조건을 위배하므로 O명제는 환위할 수 없다. A명제의 경우 주어는 주연되었고 술어는 주연되지 않았으므로 A명제 자체로 환위하게 되면 주연되지 않은 것은 환위 후 주연되지 않아야 한다는 조건을 위배하게 된다. 그러나 A명제(모든 S는 P이다)가 참이면 I명제(어떤 S는 P이다)는 반드시 참이어야 하고(함축관계) I명제와 I명제가 환위된 명제(어떤 P는 S이다)는 논리적 동치이므로 A명제가 참이면 양화사를 '모든'에서 '어떤'으로 바꾸고 환위한 명제인 "어떤 P는 S이다"는 반드시 참이어야 한다. 이처럼 양화사를 '어떤'으로 교환하고 환위하는 것을 제한환위라 한다.

환질이란 의미의 변화 없이 문장의 형식을 긍정문은 부정문으로 부정문은 긍정문으로 바꾸는 것이다.

6. 환질은 의미의 변화 없이 문장의 형식을 긍정문에서 부정문으로 부정문에서 긍정문으로 바꾸는 것이다.
   A명제: 모든 S는 P이다→모든 S는 비P가 아니다(P가 아닌 것이 아니다).
   E명제: 모든 S는 P가 아니다→모든 S는 비P이다.
   I명제: 어떤 S는 P이다→어떤 S는 비P가 아니다.
   O명제: 어떤 S는 P가 아니다→어떤 S는 비P이다.

원래 명제와 환질된 명제 사이에 어떠한 의미의 차이도 없다. 단지 A명제가 E명제로 E명제는 A명제로, I명제는 O명제로 O명제는 I명제로 문장형식만 변했을 뿐이다.

이환이란 환질하고 난 후 환위하는 것을 말한다.

7. 이환은 환질하고 환위하는 것이다.
   A명제: 모든 S는 P이다→(모든 S는 비P가 아니다)→모든 비P는 S가 아니다
   E명제: 모든 S는 P가 아니다→(모든 S는 비P이다)→어떤 비P는 S이다 (제한이환)
   I명제: 어떤 S는 P이다→(어떤 S는 비P가 아니다)→ × (이환 불가)
   O명제: 어떤 S는 P가 아니다→(어떤 S는 비P이다)→어떤 비P는 S이다.

한 예로 아래의 명제를 환위, 환질, 이환해보겠다.

모든 한국인은 일본인이 아니다.

이 문장의 환위명제는 "모든 일본인은 한국인이 아니다"이고 환질명제는 "모든 한국인은 비일본인이다"이며 이환 명제는(제한이환) "어떤 비일본인은 한국인이다"이다.

논리와 비판적 사고·

연습문제

1. 아래의 명제들이 참일 경우 다른 정언명제들의 진리치는 어떠한가를 밝히고 이들을 각기 환위 환질 이환하라.
   1) 모든 고래는 포유동물이다.
   2) 어떤 전함도 어선이 아니다.
   3) 어떤 미남은 성격이 좋지 않다.
   4) 외계인인 한국인은 존재하지 않는다.
   5) 공처가가 아닌 애처가는 없다.
   6) 모든 한국인이 근면한 것은 아니다.

8장. 존재함축

한 명제가 일정한 종류의 대상들이 존재함을 주장할 경우 그 명제는 존재함축을 갖는 명제이다. 한 예로 '내 팔은 길다'와 같은 명제는 실제로 존재하는 나의 팔에 대해 언급하고 있으므로 존재함축을 갖는 명제이지만 '둥근 사각형은 둥글고 사각형이다'와 같은 명제는 둥근 사각형이 존재할 수 없으므로 존재함축을 갖는 명제가 아니다.

앞에서 언급했듯이, 정언명제들 사이에 성립하는 관계들은 정언명제들의 주어나 술어가 지시하는 집합이 적어도 하나의 원소를 포함하고 있다는 가정하에 성립하는 관계들이다. 따라서 6장의 3에 언급된 관계들은 존재함축을 갖는 정언명제들 사이에 성립하는 관계들이다.

정언명제들 중 I나 O와 같은 특칭명제들은 존재함축을 갖는 명제들이라 할 수 있다. 한 예로 '어떤 한국인은 미남이다'와 같은 I명제는 미남인 한국인이 적어도 하나 있음을 주장하며 이 명제가 참이기 위해서는 미남인 한국인이 존재해야만 할 것이기 때문이다.

대부분의 전칭명제들도 존재함축을 갖는 명제들이다. 그러나 전칭명제들의 경우 의미 있는 명제이지만 존재함축을 갖지 않는 명제들이 존재한다.

모든 외계인은 인간과 생리구조가 다를 것이다.
키가 3m 이상인 모든 인간은 거인이다.

앞의 두 명제는 참이라 할 수 있는 의미 있는 A 명제이지만 존재함축을 갖는 명제라 할 수 없다. 첫 번째 명제의 경우 외계인이 만약 존재한다면 다른 천체에서 태어나 지구와 다른 환경에서 성장했을 것이므로 인간과는 생리구조가 근본적으로 다를 것이다. 따라서 이 명제는 참이라 할 수 있는 의미 있는 명제이지만 외계인이 존재한다고 주장하는 명제는 아니다. 두 번째 명제의 경우에도 실제로 키가 3m 이상인 인간은 존재하지 않지만 만약 그러한 인간이 존재한다면 그는 거인일 것이므로 참인 의미 있는 명제이다.

영국의 수학자이자 논리학자인 부울(G. Boole)은 존재함축을 갖지 않는 전칭명제들을 고려하여 정언명제들에 대한 새로운 해석을 창안하였다. 부울의 해석에 따르면 정언명제들 중 전칭명제들은 존재함축을 갖지 않으며 주어가 지시하는

논리와 비판적 사고

집합이 원소가 없는 공집합인 경우 그 전칭명제는 참으로 간주된다.
  부울의 해석을 따라 전칭명제들을 존재함축을 갖지 않는 것으로 해석할 경우 6장의 3에 정리된 정언명제들 사이에 성립하는 관계들 중 모순관계를 제외한 다른 관계들은 성립하지 않는다. 부울의 새로운 해석을 따를 경우 함축관계가 성립하지 않는다는 것을 간단히 설명하겠다.

  심장이 없는 포유류는 인간이 아니다.

  어떤 심장이 없는 포유류는 인간이 아니다.

  앞의 논증에서 전제는 E명제이고 결론은 O명제이다. 앞장에서 보았듯이 E명제와 O명제는 함축관계에 있으므로 앞의 논증은 타당한 논증이고 전제는 결론에 대해 함축관계에 있다. 그러나 (전칭명제를 존재함축을 갖지 않는 명제로 취급하는) 부울의 해석에 따르면 전제는 참이지만, 심장이 없는 포유류는 존재하지 않으므로 결론은 거짓이고 이 논증은 타당한 논증이 아니다. 따라서 전제와 결론 사이의 함축관계는 성립하지 않는다.
  현대논리학은 정언명제들과 관련하여 부울의 해석을 따르고 있다. 따라서 현대논리학에서는 정언명제들 사이에 성립하는 관계들 중 오직 A와 O 그리고 E와 I 사이에 성립하는 모순관계만이 인정된다.

8장. 존재함축

연습문제

1. 아래의 명제들에서 존재함축을 하지 않는 명제를 찾아라.
   a) 내일 지각하는 모든 학생은 운동장을 열 바퀴 돌 것이다.
   b) 한국인은 성실하다.
   c) 서기 5000년에 존재하는 인간은 현재의 인류와 생리구조에 근본적 차이가 있을 것이다.
   d) 모든 원숭이의 엉덩이는 붉다.
   e) 유령은 키가 크다.

2. 존재함축과 관련하여 아리스토텔레스의 논리학과 현대 논리학 사이의 차이점에 대해 논하라.

에듀컨텐츠·휴피아
Educontents·Huepia

9장. 정언삼단논증에 대한 타당성 평가

정언삼단논증이란 정언명제로 구성된 3단 논증을 말한다. 정언삼단논증에 대한 타당성을 평가 하는 대표적인 방식은 정언삼단논증에 대한 표준형식을 이용하는 방식과 벤도식을 이용하는 방식이다.

표준형식에 의한 타당성 평가

모든 정언삼단논증은 일정한 특징을 공유하고 있다. 결론의 주어를 S(소개념), 술어를 P(대개념)라 하면 S는 두 개의 전제 중 하나에, P는 다른 하나의 전제에 나타나고, 두 개의 전제에는 반드시 두 전제를 연계해주지만 결론에 등장하지 않는 개념인 M(매개념)이 존재한다. 정언삼단논증에 해당하는 표준형식은 결론의 주어를 S로 술어를 P로 하여 전제들에서 S와 P와 M을 찾아내고, 두 개의 전제와 결론에서의 주연관계를 밝히는 것이다.

모든 새는 날 수 있다.
일부의 포유동물은 날 수 없다.
―――――――――――――――――
어떤 포유동물은 새가 아니다

앞의 논증에 해당하는 표준형식을 구성해보겠다. 결론의 주어인 '포유동물'은 S이고 술어인 '새'는 P이다. 첫 번째 전제의 주어인 '새'는 P에, 두 번째 전제의 주어인 '포유동물'은 S에 해당된다. '날 수 있는 것'을 M이라하면 M은 두 전제에서 술어이다. 첫 번째 전제는 A명제 이므로 주어는 주연되었고 술어는 주연되지 않았다. 두 번째 전제와 결론은 O명제이다 따라서 주어는 주연되지 않았고 술어는 주연되었다. '주연되었음'을 ○로 '주연되지 않았음'을 ×로 나타내면 이 논증에 해당하는 표준형식은 다음과 같다.

논리와 비판적 사고·

A: P(○) M(×)
O: S(×) M(○)
─────────────
O: S(×) P(○)

정언삼단논증에 대한 표준형식이 작성되면 아래의 규칙에 따라 정언삼단논증의 타당성 여부가 쉽게 결정될 수 있다.

1. **표준형식에 의한 타당성 결정 방법**
   표준형식이 아래의 세 가지 규칙을 모두 만족시킬 경우에만 타당한 논증이다.
   ① M은 한곳에서만 주연되어야 한다.
   ② S와 P는 각기 주연관계가 일치해야 한다.
   ③ 부정전제와 부정결론의 수가 일치해야 한다.

   1에 따르면 앞의 논증은 타당한 논증이다. M은 두 번째 전제에서만 주연되었고(①규칙 만족), S는 전제와 결론에서 모두 주연되지 않았고 P는 전제와 결론에서 모두 주연되었으며(②규칙 만족), 첫 번째 전제만이 부정문(O명제)이고 결론이 부정문(O명제)이어서 부정전제와 부정결론의 수가 동일하기(③규칙 만족) 때문이다.

벤도식(Venn diagram)에 의한 타당성 평가

정언삼단논증에는 S(소개념), P(대개념), M(매개념)에 해당하는 세 개의 집합이 등장한다. 따라서 정언삼단논증을 벤도식으로 표현하기 위해서 원으로 집합을 나타낼 경우 3개의 원이 필요하다.

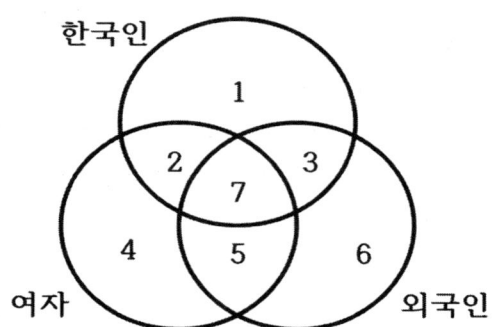

9장. 정언삼단논증에 대한 타당성 평가

   3개의 원이 겹쳐진 위의 도식에서 1은 여자도 외국인도 아닌 한국인의 집합, 2는 외국인이 아닌 한국인 여자, 3은 여자가 아닌 외국인인 한국인, 4는 한국인도 외국인도 아닌 여자, 5는 한국인이 아닌 외국인 여자, 6은 한국인도 여자도 아닌 외국인, 7은 한국인인 외국인 여자를 나타내는 집합이다. A명제인 '모든 한국인은 여자이다'에 대한 벤도식은 1과 3을 공집합으로, E명제인 '모든 한국인은 외국인이 아니다'는 3과 7을 공집합으로 표현해 벤도식으로 나타낼 수 있고, I명제인 '어떤 한국인은 여자이다'는 2와 7에, O명제인 '어떤 한국인은 여자가 아니다'는 1과 3에 적어도 하나의 개체가 존재한다는 것을 표현하여 벤도식으로 나타낼 수 있다. 단 I명제의 경우 2와 7중 O명제의 경우 1과 3중 어느 곳에도 적어도 하나의 개체가 존재할 수 있으므로 I명제와 O명제는 아래처럼 벤도식을 그려야한다.

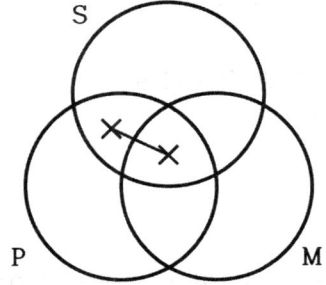
                I: 어떤 S는 P이다.
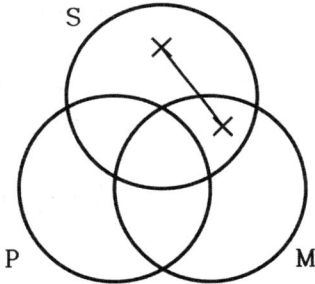
                O: 어떤 S는 P가 아니다

(여기서 ×를 잇는 선은 두 집합 중 어느 집합에 존재하는지 모른다는 것을 나타내기 위한 것이다.)

   벤도식을 이용하여 타당성을 결정하는 방식은 아래처럼 정리될 수 있다.

2. 벤도식에 의한 타당성 결정방법
  ① 정언 삼단논증에 나타나는 세 개의 집합을 찾아낸다.
  ② 서로 겹치도록 세 개의 원을 그린다.
  ③ 전제들에 해당하는 벤도식을 그려서 벤도식을 완성한다.
  ④ 전제들의 벤도식이 결론을 포함하고 있으면 타당하고 그렇지 않으면 타당하지 않다.

   한 예로 앞에서 살펴본 정언삼단논증에 해당하는 벤도식은 다음과 같다.

논리와 비판적 사고

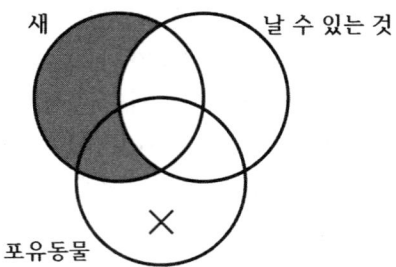

결론이 참이려면 새가 아닌 포유동물의 집합에 적어도 하나의 개체가 존재해야 한다. 전제들의 벤도식에 따르면 새가 아닌 날 수 없는 포유동물의 집합 속에 적어도 하나의 개체가 존재하므로 전제들의 벤도식은 결론을 포함하고 있다. 따라서 이 논증은 타당한 논증이다.

2에 따라 아래의 정언삼단논증의 타당성 여부를 알아보겠다.

P1 머리를 여러 색으로 물들인 모든 사람은 유행에 민감한 사람이다.
P2 모든 교수들은 머리를 여러 색으로 물들이지 않았다.

ⓒ 모든 교수들은 유행에 민감하지 않다.

앞의 논증은 타당하지 않다. 머리를 여러 색으로 물들이지 않은 유행에 민감한 교수가 있을 가능성을 전제 P1과 P2가 배제하지 못하고 있기 때문이다. 이 논증이 타당한 논증이 아니라는 것은 벤 도식으로 쉽게 나타낼 수 있다.

앞의 논증에서는 세 개의 집합이 언급되고 있다. 이들 세 개의 집합은 머리를 물들인 사람들의 집합과 유행에 민감한 사람들의 집합, 그리고 교수들의 집합이다. 전제 P1은 머리를 여러 색으로 물들인 사람들과 유행에 민감한 사람 사이의 관계를, 전제 P2는 교수들과 머리를 여러 색으로 물들인 사람들 사이의 관계를 나타내고 있으므로, 전제 P1과 전제 P2를 벤 도식으로 나타내기 위해서는 아래처럼 세 개의 집합들을 나타내는 원들이 서로 중첩되게 표현되어야 한다.

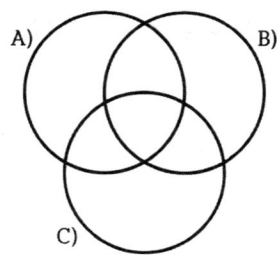

9장. 정언삼단논증에 대한 타당성 평가

여기서 A)는 머리를 물들인 사람들의 집합을, B)는 유행에 민감한 사람들의 집합을, C)는 교수들의 집합을 나타낸다면, 전제 P1은 A명제이므로 아래처럼 표현된다.

a)

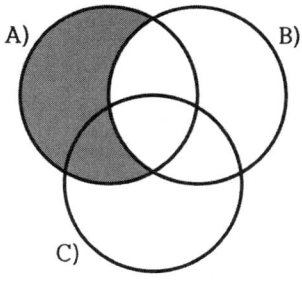

전제 P2는 E명제이므로 아래처럼 표현된다.

b)

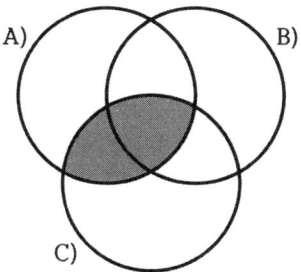

a)는 전제 P1, 그리고 b)는 전제 P2에 대한 도식이므로 a)와 b)가 중첩되게 나타낸 아래의 도식은 이 논증의 전제들을 나타낸 벤도식이다.

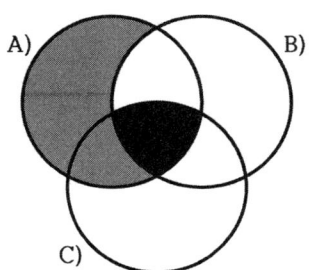

논리와 비판적 사고·

반면에 논증의 결론 ⓒ는 E명제이므로 아래처럼 표현된다.

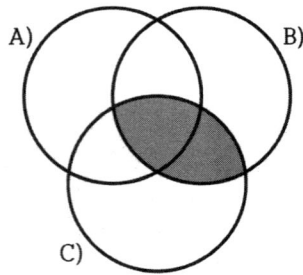

전제들에 대한 벤도식은 결론 ⓒ가 거짓일 가능성을 배제하지 못하고 있다. 결론의 벤도식에서 보듯이 결론이 참이려면 머리를 여러 색으로 물들인 교수들은 유행에 민감하지 못할 뿐만 아니라 머리를 여러 색으로 물들이지 않은 교수들도 유행에 민감하지 못해야 하기 때문이다. 전제들에 대한 벤도식은 머리를 여러 색으로 물들이지 않은 교수들이 유행에 민감할 가능성을 배제하지 못하고 있으므로 전제들이 참일지라도 결론은 거짓일 가능성이 있다. 따라서 이 논증은 타당한 논증이 아니다.

9장. 정언삼단논증에 대한 타당성 평가

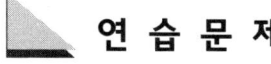 연습문제

1. 아래의 정언삼단논증들의 타당성 여부를 표준형식과 벤도식을 이용하여 밝혀라.
   1) 모든 포유동물은 죽는다. 그리고 모든 사자는 죽는다. 따라서 모든 사자는 포유동물이다.
   2) 모든 사학자가 인류고고학자인 것은 아니다. 왜냐하면 어떠한 인류고고학자도 고고학자이고 일부의 사학자는 고고학자가 아니기 때문이다.
   3) 모든 사자는 육식동물이다. 모든 토끼는 사자가 아니다. 따라서 모든 토끼는 육식동물이 아니다.
   4) 일부의 퇴역군인들은 야바위꾼이 아니다. 왜냐하면 모든 퇴역군인들이 세상에 잘 적응하는 것은 아니고 일부의 세상에 잘 적응하는 사람들은 야바위꾼이기 때문이다.
   5) 환상가가 아닌 감성적으로 예민한 사람은 없다. 그런데 모든 환상가는 시인이다. 그러므로 어떤 감성적으로 예민한 사람도 시인이다.
   6) 모든 국회의원은 정치가이다. 일부의 정치가는 존경받을만하다. 따라서 국회의원 중에는 존경받을만한 사람이 있다.
   7) 모든 유니콘은 검은색이다. 일부의 검은 것들은 개다. 따라서 모든 유니콘은 개가 아니다.
   8) 교양이 없는 유명인이 존재한다. 일부의 유명인은 사기꾼이고 어떠한 교양이 있는 사람도 사기꾼이 아니기 때문이다.

10장. 연쇄(sorites)논증과 복합적 정언명제

연쇄(sorites)논증에 대한 타당성 평가

모든 정언삼단논증은 S(소개념)와 P(대개념)로 구성된 결론과 S와 M(매개념)으로 구성된 전제, P와 M으로 구성된 전제로 이루어져 있다. 따라서 전제들을 그린 벤도식으로부터 타당한 정언삼단논증을 역으로 구성해낼 수 있다.

a)

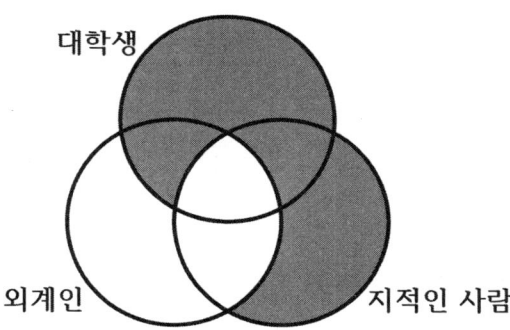

b)

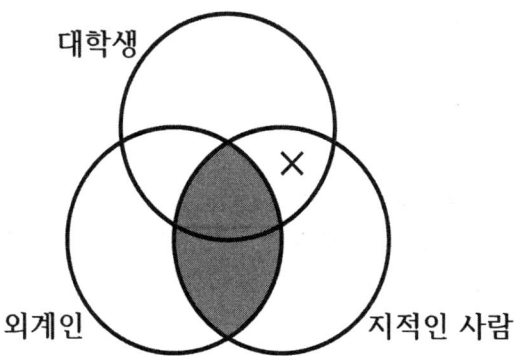

논리와 비판적 사고

a)에서 지적인 사람이 아닌 대학생의 집합은 공집합이다. 따라서 대학생과 지적인 사람 사이에는 A명제인 "모든 대학생은 지적인 사람이다"가 성립한다. 또한 외계인이 아닌 지적인 사람의 집합은 공집합이다. 따라서 지적인 사람과 외계인 사이에도 A명제인 "모든 지적인 사람은 외계인이다"가 성립한다. 벤도식은 전제들을 나타낸 것이므로 두 개의 전제에 모두 등장하는 M은 '지적인 사람'이고 결론은 대학생과 외계인 사이의 관계여야 한다. a)에서 외계인이 아닌 대학생의 집합은 공집합이다. 따라서 두 전제로부터 도출되는 결론은 '모든 대학생은 외계인이다.'이다. 결국 벤도식 a)로부터 타당한 정언 삼단논증 1)을 구성해낼 수 있다.

1) ① 모든 대학생은 지적인 사람이다.
   ② 모든 지적인 사람은 외계인이다.
   ──────────────────
   ⓒ 모든 대학생은 외계인이다.

b)에서 외계인과 지적인 사람의 교집합은 공집합이므로 외계인과 지적인 사람 사이에는 E명제가 성립하고, 지적인 대학생의 집합에 적어도 하나의 개체가 존재하므로 대학생과 지적인 사람 사이에는 I명제가 성립한다. 지적인 사람이 M에 해당하므로 결론은 대학생과 외계인 사이의 관계이다. 따라서 b)로부터 타당한 정언삼단논증인 2)를 구성해낼 수 있다.

2) ① 모든 외계인은 지적인 사람이 아니다.
   ② 어떤 대학생은 지적인 사람이다.
   ──────────────────
   ⓒ 어떤 대학생은 외계인이 아니다.

벤도식으로부터 역으로 타당한 정언삼단논증을 구성해내는 방법을 이용하여 전제들의 수가 3 이상인 정언다단논증을 평가할 수 있다. 아래의 정언사단논증의 타당성 여부를 이 방법으로 평가해보겠다.

3) ① 모든 대학생은 배호를 좋아하지 않는다.
   ② 모든 50세 이상의 남자는 배호를 좋아한다.
   ③ 연아가 좋아하는 모든 남자들은 대학생이다.
   ──────────────────
   ⓒ 50세 이상의 어떤 남자도 연아가 좋아하는 남자가 아니다.

10장. 연쇄(sorites)논증과 복합적 정언명제

전제 ①과 ②에서 '배호를 좋아하는 사람'이 M에 해당한다. 따라서 전제 ①과 ②로부터 도출되는 타당한 논증의 결론은 대학생과 50세 이상의 남자 사이의 관계이어야 한다. 전제①과 ②에 대한 벤도식은 아래와 같다.

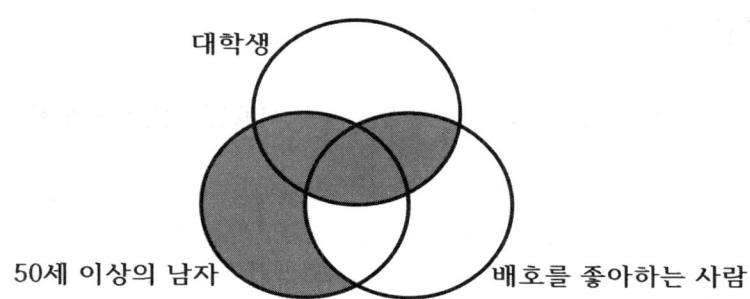

대학생과 50세 이상의 남자의 교집합은 공집합이다. 따라서 대학생과 50세 이상의 남자 사이에는 E명제가 성립하고 ①과 ②로부터 도출되는 타당한 논증의 결론은 "모든 50세 이상의 남자는 대학생이 아니다."이다. ①과 ②의 타당한 결론인 "모든 50세 이상의 남자는 대학생이 아니다."를 ⓐ라 하고, c)에서의 남은 전제 ③과 ⓐ가 전제이고 ⓒ가 결론인 정언삼단논증의 타당성을 평가하면, 우리는 정언사단논증 c)의 타당성 여부를 알 수 있게 된다. ⓐ와 ③에 해당하는 벤도식은 아래와 같다.

ⓐ
─
③
ⓒ

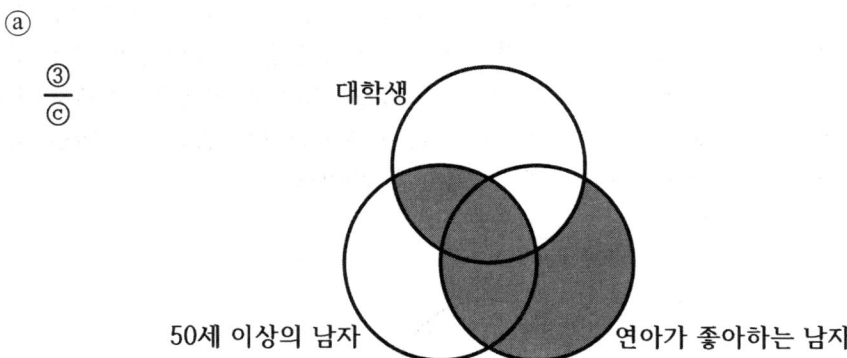

c)의 결론인 ⓒ는 50세 이상의 남자와 연아가 좋아하는 남자 사이에 성립하는 E명제이다. ⓐ와 ③의 벤도식에서 50세 이상의 남자와 연아가 좋아하는 남자의 교집합은 공집합이므로 모든 50세 이상의 남자는 연아가 좋아하는 남자가 아니다, 따라서 정언사단논증 c)는 타당한 논증이다. 쉽게 알 수 있듯이 이 방법을 반

복적으로 적용하면 정언사단논증보다 더 높은 단(전제들의 수)으로 구성된 논증의 타당성 여부도 결정할 수 있을 것이다.

복합적 정언명제

아래의 정언사단논증을 사용하여 복합적으로 사용된 정언명제들에 대해 살펴보겠다.

4) ①잘생긴 자린고비는 존재하지 않는다.
   ②어떤 잘생긴 사람은 자린고비거나 코가 크다.
   ③코가 큰 사람은 누구나 자린고비거나 잘생겼다.
   ─────────────────────────────
   ⓒ코가 큰 사람 모두가 자린고비인 것은 아니다.

전제가 셋이므로 4)는 외견상 정언사단논증의 형태를 갖추고 있으나 c)와 같은 전형적인 정언사단논증과는 근본적인 차이가 있다. c)에서는 4개의 집합이 언급되고 있는 반면 4)에서 언급되고 있는 집합은 3개에 불과하기 때문이다. 4)에서 언급되고 있는 집합은 '잘생긴 사람', '자린고비'와 '코가 큰 사람'이다. 따라서 벤도식을 사용하여 4)의 타당성여부를 밝히기 위해서는 정언삼단논증의 경우처럼 세 개의 원을 서로 교차되게 그리고 전제들에 해당하는 도식을 그려야한다. ①은 E명제이다. 따라서 잘생긴 사람과 자린고비 사이의 교집합이 공집합이 되게 도식을 그리면 된다. ②는 자린고비와 코가 큰 사람을 '거나'로 연결한 I명제로 자린고비거나 코가 큰 잘생긴 사람이 적어도 하나는 존재한다는 것을 의미하는 명제이다. 따라서 ②에 해당하는 벤도식은 아래의 4-②)이다.

4-②)

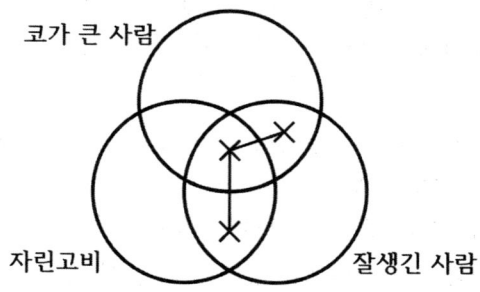

10장. 연쇄(sorites)논증과 복합적 정언명제

③은 자린고비와 잘생긴 사람이 '거나'로 연결된 A명제로 모든 코가 큰 사람은 잘생겼거나 자린고비라는 의미의 명제이다. 따라서 ③에 해당하는 벤도식은 4-③)이다. 결국 4)의 전제들에 대한 벤도식은 4')이다.

4-③)

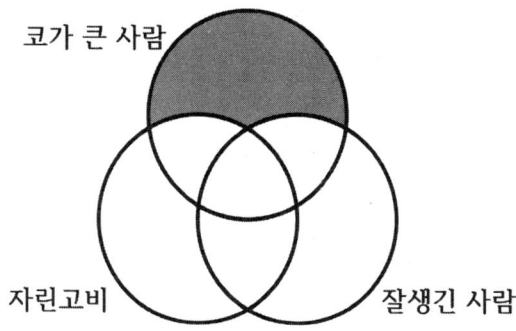

4')

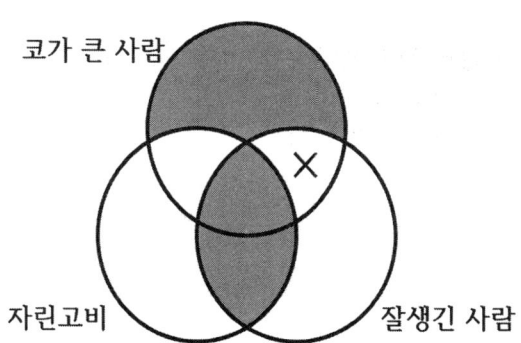

4)의 결론 ⓒ는 '어떤 코가 큰 사람은 자린고비가 아니다.'라는 것을 의미하는 O명제이다. 따라서 ⓒ가 참이기 위해서는 자린고비가 아닌 코가 큰 사람의 집합 속에 적어도 하나의 개체가 존재해야 한다. 전제들의 벤도식인 4')에 따르면 잘생기고 코가 큰 적어도 한 사람은 자린고비가 아니다. 따라서 4)는 타당한 논증이다. 앞에서 보았듯이 4)와 같은 논증의 타당성을 검증하기 위해서는 '거나'나 '이고'가 사용된 복합적 정언명제들을 벤도식으로 나타낼 수 있어야 한다.

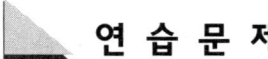 논리와 비판적 사고·

연 습 문 제

1. 아래의 정언사단논증의 타당성 여부를 벤도식을 사용하여 검증하라.
   1) 적분을 할 줄 아는 사람은 누구든지 수학교육을 받은 사람이다.
      초등학생들은 인수분해를 할 줄 모른다.
      인수분해를 할 줄 모르는 사람은 모두 수학교육을 받은 사람이 아니다.
      ─────────────────────────────────────
      어떤 초등학생도 적분을 할 줄 모른다.

   2) 모든 한국인은 코가 둘이 아니다
      코가 둘인 외계인이 존재한다.
      어떤 한국인은 미남이다.
      ─────────────────────────────────────
      어떤 미남은 외계인이 아니다.

2. 아래의 복합적 정언명제들에 해당하는 벤도식을 그려라.
   1) 어떤 한국인은 미남이고 부자이다.
   2) 모든 한국인은 성실하고 정직하다.
   3) 어떤 한국인은 미남이 아니거나 부자가 아니다.
   4) 모든 한국인은 미남도 아니고 부자도 아니다.

3부. 조건명제

에듀컨텐츠·휴피아
Educontents·Huepia

11장. 조건명제

명제논리란 주로 단칭명제들과 복합명제들로 구성된 논증들을 다루는데 적합한 논리체계이다.

단칭명제란 "철수는 남자이다."처럼 개체들의 속성을 나타내는 명제와 "서울은 평양과 부산 사이에 있다."처럼 개체들 사이의 관계를 나타내는 명제이다. 복합명제는 하나 이상의 명제들을 결합시키거나 변화시키기 위해 연결사가 사용된 명제이다. 기초적인 복합명제들은 크게 조건명제(조건문), 부정명제(부정문), 연언명제(연언문), 선언명제(선언문), 쌍조건명제(쌍조건문)의 다섯 가지로 나눌 수 있다.

이중 우선 조건명제(조건문)에 대해 살펴보겠다. 조건명제란 "만일 … 라면 ~ 이다"같이 조건문을 나타내는 연결사에 의해 두개의 명제가 결합된 명제이다. "만일 … 라면 ~ 이다"외에도 아래의 연결사들은 모두 조건문을 나타내는 연결사들이다.

1. 만약 … 라면 ~ 이다, … 이면 ~ 이다, … 라 가정하면 ~이다, 오직 ~ 인 경우에만 … 이다, … 는 ~를 위한 충분조건이다, ~ 는 …를 위한 필요조건이다.

1에서 '…'에 해당하는 부분을 전건(조건을 제시하는 문장)이라 하고 '~'에 해당하는 부분을 후건(조건을 제시하는 문장을 따라 나오는 문장)이라 한다.

만약 K씨가 화학자이면 그는 과학자이다.

한 예로 앞의 문장에서 "K씨는 화학자이다"는 전건이고 "그는 과학자이다"는 후건이다.

"만약 A이면 B이다"와 "만약 B가 아니면 A가 아니다"는 논리적 동치이고 이 두 조건문들 사이에 성립하는 관계를 대우관계라 한다. 따라서 앞의 명제와 대우관계인 명제는 "만약 K씨가 과학자가 아니라면 그는 화학자가 아니다"이고 이 명제는 앞의 명제와 논리적 동치이다. "만일 …이 아니라면 ~이 아니다"는 "…이 아닌 한 ~이 아니다"와 동일한 의미이다. 따라서 아래의 명제도 일종의 조건문으로 앞의 문장과 동일한 의미의 명제이다.

논리와 비판적 사고·

K씨가 과학자가 아닌 한 그는 화학자가 아니다.

논리학에서 흔히 조건문을 나타내는 기호로 '→'가 사용된다. '→'의 진리함수적 의미는 아래처럼 정의될 수 있다.

2. □ → △: □가 T이고 △가 F일 경우에만 F이고, 다른 경우에는 모두 T이다.

기존의 일부 논리학 입문서들은 '→'를 자연언어에서 조건문을 나타내는 연결사인 '만약 …이면 ~ (If … then ~)'과 동일한 의미를 가진 것으로 취급하고 있다. 일부 논리학 입문서에서 '→'를 이런 식으로 다루는 것은 커다란 잘못이다. 사실상 대부분의 조건문들의 의미는 '→'를 사용하여 표현될 수 없고, 이 때문에 전통적으로 조건문은 논리적인 쟁점을 야기해왔다. 한 예로 아래의 조건문을 고려해 보자.

만약 영희가 학교에 가면 철수도 학교에 갈 것이다.

'영희가 학교에 가다'를 A로, '철수가 학교에 가다'를 B로 나타내고 '→'를 사용하여 '만약 …이면 ~'을 번역하면 앞의 명제는 'A→B'로 표현된다. 그러나 이 명제가 진리함수적으로 'A→B'와 동일한 의미를 갖는 가는 의문의 여지가 있다.
만약 영희가 학교에 가고(A가 참) 철수가 학교에 가지 않았다면(B가 거짓), 이 조건문은 분명히 거짓이다. 따라서 A가 참이고 B가 거짓일 경우에는 이 명제와 'A→B'는 진리함수적으로 일치한다.

그러나 A도 거짓이고 B도 거짓일 경우에는 어떠한가? 영희도 학교에 가지 않고, 철수도 학교에 가지 않았을 경우에는 이 명제를 참이라고도 거짓이라고도 말하기 힘들 것으로 보인다. 그러나 이 명제의 번역인 'A→B'에 따르면 A도 거짓이고 B도 거짓일 때 'A→B'는 참이어야 한다. 따라서 조건문을 '→'를 사용하여 번역하는 것은 조건문의 진리함수적 의미를 그대로 나타냈다고 할 수 없다.

그러나 모든 조건문은 전건이 참이고, 후건이 거짓이면 그 조건문은 거짓이라는 데에는 일치한다. 따라서 우리가 조건문을 '→'를 사용하여 번역하면, 우리는 오직 모든 조건문들이 공유하는 이러한 부분적 의미를 번역하는 것이라 할 수 있다. 따라서 '→'를 사용하여 조건문을 번역하는 것은 완전한 번역이라고 할 수는 없지만, 조건문들이 공유하는 중요한 특징을 번역하는 것이다.

앞에서 보았듯이 '□→△'는 조건문에 대한 완전한 번역이라고는 할 수 없다. 따라서 논리학자들은 '→'가 사용된 '□→△' 형식의 문장을 조건문과 구별하여 **질료적 조건문**(Material Conditional)이라 부르고 있다. 질료적조건문이란 전건과 후

11장. 조건명제

건 사이에 인과관계나 밀접한 논리적 관계가 성립한다는 것을 의미하는 가정문(subjunctive conditional)이 아니라 단지 현실세계에서 벌어지고 있는 사태를 단순히 묘사하거나, 전건이 실제로 거짓이라는 것을 강조하기 위해 사용하는 조건문을 말한다. 따라서 엄밀히 말하면 '→'을 사용하여 기호화될 수 있는 조건문은 질료적 조건문에 국한된다고 할 수 있다.

'→'를 사용하여 기호화될 수 없는 조건문의 대표적인 예를 살펴보겠다.

만약 최홍만 씨의 키가 지금보다 6cm 더 크다면, 그는 미국의 대통령이 되었을 것이다.

앞의 문장처럼 조건문의 전건이 명백하게 실제로 거짓인 문장을 반사실적 조건문(Counterfactual Conditional)이라 한다. 이 문장의 전건은 명백하게 실제로 거짓이다. 따라서 우리가 이 문장을 '→'를 사용하여 'A→B'로 번역하면 앞의 문장은 실제로 참인 문장이라고 해야 한다. ('□→△' 형식의 문장은 □가 T이고 △가 F일 경우에만 거짓이다.) 따라서 '→'를 사용한 번역에 따르면 이 문장은 실제로 참이다. 그러나 상식적으로 볼 때, 이 문장은 실제로 참일 수 없고 오히려 실제로 거짓이라고 보아야만 한다. 최홍만 씨는 미국의 시민도 아니고, 최홍만 씨의 신장과 미국의 정치 상황과는 전혀 상관관계가 없을 것이기 때문이다.

이처럼 반사실적 조건문을 '→'로 번역하게 되면, 거짓인 문장을 참인 문장으로 취급할 수밖에 없게 된다. 그러므로 반사실적 조건문은 '→'를 사용하여 표현될 수 없고, 구태여 반사실적 조건문을 기호화하려면 전체 문장을 하나의 원자명제로 취급할 수밖에 없다. (양상논리(양상 개념을 다루는 논리체계)에서는 반사실적 조건문이 설명될 수 있다.)

조건문과 관련된 타당한 추론규칙

P1 만약 철수가 열심히 공부한다면 그는 이번 시험에서 좋은 성적을 받을 것이다.
P2 철수는 열심히 공부한다.

ⓒ 철수는 이번 시험에서 좋은 성적을 받을 것이다.

앞에서 보았듯이 조건문의 전건이 참일 경우, 전체 조건문이 참이기 위해서는 후건이 반드시 참이어야 한다. 따라서 P1과 P2가 모두 참일 경우 ⓒ도 반드시 참이어야 한다. P2는 조건문인 P1의 전건이고 ⓒ는 P1의 후건이기 때문이다. 따라

논리와 비판적 사고

서 앞의 논증은 타당한 논증이다. 타당한 앞의 논증에서 사용된 형식은 아래처럼 정리될 수 있다.

3. 전건긍정의 법칙(MP(Modus Ponens))

만약 □이면 △이다
□이다
_____

△이다

전건긍정의 법칙은 조건문과 조건문의 전건으로부터 조건문의 후건을 결론으로 도출할 수 있다는 법칙이다.

4. 후건부정의 법칙(MT(Modus Tollens))

만약 □이면 △이다.
△가 아니다
_____

□가 아니다

후건부정의 법칙은 조건문과 조건문의 후건의 부정으로부터 조건문의 전건의 부정을 결론으로 도출할 수 있다는 법칙이다. 후건부정의 법칙이 타당한 논증형식이라는 것은 대우관계를 이용해서 쉽게 설명할 수 있다. "만약 □이면 △이다"는 "만약 △가 아니면 □가 아니다"와 대우관계이다. 따라서 대우관계를 사용해서 4)는 아래처럼 형식화될 수 있고 이는 전건긍정의 법칙을 사용한 한 예에 불과하다.

△가 아니면 □가 아니다
△가 아니다
_____

□가 아니다.

P1 만약 K가 물리학자이면 그는 과학자이다.
P2 만약 K가 과학자이면 그는 인수분해를 할 줄 알 것이다.
_____

ⓒ 만약 K가 물리학자이면 그는 인수분해를 할 줄 알 것이다.

P1과 P2가 참일 경우 ⓒ는 반드시 참이어야 한다. K가 물리학자이면 P1에 따라 그는 과학자일 것이고 또한 K가 과학자이면 P2에 따라 그는 인수분해를 할 줄 알 것이기 때문이다. 따라서 앞의 논증은 타당한 논증이다. 이 논증에서 타당한 논증에서 사용된 형식은 아래처럼 정리될 수 있다.

5. 조건삼단논증

만약 □이면 △이다
만약 △이면 ○이다
―――――――――――
만약 □이면 ○이다.

조건삼단논증은 한 조건문의 전건이 다른 조건문의 후건일 경우 이 두 조건문으로부터 후자의 전건이 전건이고 전자의 후건이 후건인 조건문이 결론으로 도출될 수 있다는 법칙이다.

조건문과 관련된 오류

타당하지 않지만 타당한 것으로 흔히 오류를 범하게 되는 조건문과 관련된 대표적인 형식은
아래와 같다.

6. 조건문과 관련된 논리적 오류

〈후건긍정의 오류〉　　　　　　　〈전건부정의 오류〉

만약 □이면 △이다　　　　　　　만약 □이면 △이다
△이다　　　　　　　　　　　　　□가 아니다
――――――――――　　　　　――――――――――
□이다　　　　　　　　　　　　　△가 아니다

🍎 **논리와 비판적 사고**

다음의 논증들에서 볼 수 있듯이 6의 두 형식을 가진 논증은 타당하지 않다.

만약 동경이 일본의 수도이면 동경은 일본에 위치해 있다.
동경은 일본에 위치해 있다.
─────────────────────────────
동경은 일본의 수도이다.

만약 길동이가 한국인이면 그는 사람이다.
길동이는 한국인이 아니다.
─────────────────────────────
길동이는 사람이 아니다.

전제들이 참이고 결론이 거짓인 경우를 쉽게 상상할 수 있으므로 앞의 두 논증은 모두 타당하지 않은 논증이다. 첫 번째 논증은 타당하지 않다. 한 도시가 일본에 위치해있다 해도 그 도시가 일본의 수도가 아닐 가능성이 있기 때문이다. 이 논증은 후건긍정의 오류를 범하고 있다. 두 번째 논증도 타당한 논증이 아니다. 길동이가 한국인이 아닌 외계인일 수도 있을 것이기 때문이다. 이 논증은 전건부정의 오류를 범하고 있다.

조건문과 관련된 논증 방법

조건문을 증명하는 대표적인 추론 방법은 조건증명(conditional proof)이다.

7. **조건증명**: 조건문의 전건으로부터 조건문의 후건이 도출된다는 것을 밝힘에 의해 조건문을 결론으로 도출해내는 것.

구체적인 예를 통해 조건증명을 설명하겠다.

P1 내일 비가 오지 않는다면 내일 날씨가 좋을 것이다.
P2 내일 날씨가 좋다면 우리는 내일 소풍을 갈 것이다.
─────────────────────────────
ⓒ 내일 비가 오지 않는다면 우리는 내일 소풍을 갈 것이다.

11장. 조건명제

타당한 논증이다. 이 논증은 타당한 논증형식인 조건삼단논증의 한 형태이기 때문이다. 조건증명 방법을 사용해 이 논증이 타당하다는 것을 설명해보겠다. 전제들이 참이면 ⓒ가 참일 수밖에 없다는 것을 보이기 위해 ⓒ의 전건인 "내일 비가 오지 않는다."라고 가정하면 이 가정과 전제 P1으로부터 "내일 날씨가 좋을 것이다."가 도출되고 이 명제와 전제 P2로부터 결론인 ⓒ의 후건이 도출된다. 따라서 조건문의 전건을 가정하고 이로부터 조건문의 후건을 도출된다는 것을 보임에 의해 전제들로부터 결론인 ⓒ가 도출된다는 것을 증명한 셈이다. 조건증명을 사용해 P1과 P2로부터 ⓒ가 도출되는 과정은 아래처럼 정리될 수 있다

① 내일 비가 오지 않는다면 내일 날씨가 좋을 것이다.
② 내일 날씨가 좋다면 우리는 내일 소풍을 갈 것이다.

(가정) ③내일 비가 오지 않는다.
④내일 날씨가 좋을 것이다.   (①과 ③으로부터 전건긍정의 법칙)
⑤우리는 내일 소풍을 갈 것이다.   (②와 ④로부터 전건긍정의 법칙)

ⓒ내일 비가 오지 않으면 우리는 내일 소풍을 갈 것이다. (③~⑤ 조건증명)

논리와 비판적 사고

연습문제

1. 전건긍정의 법칙이 사용된 논증의 예를 제시하라.

2. 후건부정의 법칙이 사용된 논증의 예를 제시하라.

3. 조건삼단논증이 사용된 논증의 예를 제시하라.

4. 아래의 논증이 타당한지 여부를 밝히고 타당하지 않으면 어떤 오류를 저지르고 있는지를 설명하라.

   "길동이가 미남인 것은 순희가 길동이를 좋아하기 위한 충분조건이다. 그런데 순희는 길동이를 좋아한다. 따라서 길동이는 미남이다."

5. '길동이가 미남이면 순희는 그를 좋아한다.'와 대우관계인 명제는 무엇인가?

6. 조건증명이 사용된 예를 찾아내고 사용된 방식을 설명하라.

12장. 부정명제(부정문)

부정명제란 "철수는 담배를 피우지 않았다"처럼 부정의 뜻을 나타내는 명제이다. "… 이 아니다"가 부정문의 대표적인 형식이다.

'~'(tilde)는 부정문을 나타내는 기호로 사용되고 있고, 흔히 자연언어에서 'not(아니다)'의 의미를 가진 것으로 설명되고 있다. 비록 '~'가 부정문을 나타내기 위해서 사용되는 것은 사실이지만, '~'는 오직 진리함수적 의미만을 갖는다. 따라서 '~'의 의미는 '아니다' 또는 'not'과 동일한 것이 아니고. 단지 '아니다' 또는 'not'같은 자연언어에서의 표현이 '~'를 사용하여 표현될 수 있는 진리함수적 성격을 갖는다는 것이다. "~"는 아래처럼 정의될 수 있다.

1. ~□: □가 T(참)이면 F(거짓)이고, □가 F(거짓)이면 T(참)이다.

1에 따르면, '~'는 원래 문장의 진리치에 반대되는 진리치를 부여하는 역할을 한다. 따라서 한 문장 □가 참이면 ~□는 거짓이고, ~~□는 참이어야 한다. 대체로 부정문은 1에 설명된 진리함수적 의미를 가지고 있다.

　지구는 둥글지 않다.

'지구는 둥글다'를 A로 나타낼 때, A가 참이면 앞의 문장은 거짓이고, A가 거짓이면 참이다. 따라서 앞의 명제는 '~A'로 표현될 수 있다.

귀류법

부정문과 관련된 대표적인 추론방식은 귀류법(RA: Reductio Ad Absurdum)이다. 귀류법은 타당한 논증형식은 아니지만, 수학의 증명에서 자주 사용되는 효과적인 논증 방식이다.

논리와 비판적 사고·

① 만약 신이 존재한다면, 지구상에 사악한 범죄가 만연하지 않았을 것이다.
② 지구상에는 사악한 범죄가 만연하고 있다.
──────────────────────────────────
ⓒ 신은 존재하지 않는다.

타당한 논증이다. 이 논증이 타당하다는 것을 귀류법이 시사하고 있는 논증 방식을 사용해서 설명해보겠다. 귀류법은 하나의 가정 □로부터 모순이 도출되면, '□가 아니다'라는 것이 증명되었다는 것을 의미하고 있다. 따라서 우리가 결론의 부정을 가정하고 이 가정으로부터 모순이 도출되었다면 결론이 증명된 것이라 할 수 있다. 이 방식에 따라 앞의 논증의 타당함은 아래처럼 논증될 수 있다.

① 만약 신이 존재한다면, 지구상에 사악한 범죄가 만연하지 않았을 것이다.
② 지구상에는 사악한 범죄가 만연하고 있다.
③ 신은 존재한다. ⇐ 가정
④ 지구상에 사악한 범죄가 만연하지 않을 것이다. (①과 ③으로부터 추론된다.)
⑤ 지구상에 사악한 범죄가 만연하고 있다. (②의 반복)
ⓒ 신은 존재하지 않는다. (④와 ⑤가 모순이므로 귀류법에 따라)

여기서 결론의 부정을 가정하고 이 가정과 전제 ①, ②로부터 모순을 도출해 냈다. 이 증명에서 사용된 논증 방식은 아래처럼 도식화될 수 있다.

2. 귀류법

□를 가정한다.
△
~△
──────
~□

2.는 앞의 증명에서 사용된 논증 방식을 추론규칙으로 도식화한 것이다. 따라서 귀류법은 가정된 한 문장으로부터 모순이 도출되면 가정된 문장의 부정이 도출될 수 있다는 것을 나타내는 추론규칙이다.

12장. 부정명제(부정문)

▲ 연습문제

1. '한국인인 길동이는 미남이 아니다'라는 명제와 귀류법을 사용하여 "모든 한국인이 미남인 것은 아니다"를 결론으로 추론하라.

2. 부정명제에 해당하는 명제들을 열거하라.

13장. 연언명제

 연언명제는 두 개의 명제를 연접하는 방식으로 연결하는 명제이다. 연언문을 나타내는 대표적인 연결사는 '… 이고 ~'이다. 이 외에도 아래와 같은 연결사들이 사용된 명제들이 주로 연언문에 해당된다.

1. … 그리고 ~, … 그러나 ~, … 이지만 ~,

 '&'는 연언문(Conjunction)을 나타내는 기호로 사용된다. '&'는 '~'나 '→'와 마찬가지로 오직 진리함수적 의미를 가지며, 2처럼 정의될 수 있다.

2. □&△: □와 △가 모두 T인 경우에만 T이고, 다른 경우에는 모두 F이다.

 '&'는 흔히 영어의 'and'의 의미를 가진 표현들과 동일한 의미를 가진 것으로 설명되고 있다. 대부분의 경우에 'and(…그리고~, …와~)'는 명제논리에서 '&'를 사용하여 표현될 수 있다. 그러나 'and'와 '&'를 동일한 의미를 가진 것으로 간주해서는 않된다.

> 길동이와 영수는 대학생이다.
> 갑돌이와 갑순이는 어제 결혼을 했다.

 첫 번째 문장은 분명히 '길동이는 대학생이고 영수도 대학생이다'를 의미한다. 여기서 '길동이는 대학생이다'를 A로, '영수는 대학생이다'를 B로 나타내면, 이 문장이 참인 경우는 A와 B가 모두 참인 경우뿐이다. 따라서 이 문장은 'A&B'로 기호화될 수 있다.
 두 번째 문장도 첫 번째와 마찬가지로 'and(…와~)'가 사용된 문장이다. 그래서 이 문장의 경우에도 '&'를 사용하여 'C&D'로 번역될 수 있을 것처럼 보인다.(여기서 C는 '갑돌이는 어제 결혼을 했다'를, D는 '갑순이는 어제 결혼을 했다'를 나타낸다.) 그러나 'C&D'가 두 번째 문장에 대한 옳은 번역인가는 확실치 않다. 이 문장은 갑돌이와 갑순이가 각기 따로 다른 사람과 어제 결혼을 했다는 의미의 문장일 수도 있고, 갑돌이와 갑순이가 서로의 배우자로서 한 쌍의 부부가 되는 결혼을 어제 했다는 의미의 문장일 수도 있기 때문이다.

논리와 비판적 사고

만약 이 문장의 의미가 전자라면 이에 대한 진리함수적 의미는 'C&D'로 표현될 수 있지만, 만약 이 문장의 의미가 후자라면 'C&D'는 옳은 번역이라 할 수 없을 것이다. 이 경우에는 오히려 문장 전체를 하나의 단칭명제로 취급해야 할 것이다.

이처럼 'and'가 사용된 자연언어에서의 문장들이 모두 다 '&'의 의미를 가지고 있는 것은 아니다. 또한 'and'와 전혀 다른 의미를 가진 연결사들도 '&'를 사용하여 번역해야 할 경우가 있다.

길동이는 미남이다. 그러나 호남은 아니다.

자연언어에서 '그러나(but)'와 '그리고(and)'는 전혀 다른 의미를 가진 표현들이다. 그러나 많은 경우에 있어서 이 둘의 진리함수적 의미는 같다.
앞의 문장의 경우에 '길동이는 미남이다'를 A로, '길동이는 호남이다'를 B로 표현한다면, 이 문장이 참인 경우는 오직 A가 참이고, ~B가 참인 경우이다. 따라서 2에 따라 'A&~B'로 번역되어야 한다.

'그러나' 이외에도 '…이지만'과 같은 연결사들도 '&'를 사용하여 번역되어야 한다. 이처럼 연결사들은 오직 진리함수적 의미만을 가지므로, 자연언어에서의 연결사들이 가지는 뉘앙스의 차이 등은 번역될 수 없고, 오직 전체 문장의 진리치와의 관계에 따른 번역만이 가능할 뿐이다.

연언문이 시간적인 순서관계를 나타낼 경우 '&'를 사용해서 번역하지 말아야 한다.

영수는 손을 씻고 화장실에 갔다.

"영수는 손을 씻었다"를 A로 "영수는 화장실에 갔다"를 B로 하여 앞의 문장을 'A&B'로 기호화하면 이는 영수가 손을 씻었다는 사건과 영수가 학교에 갔다는 두 가지 사건을 말하고 있을 뿐 어느 사건이 먼저 발생한 것인지에 대해서는 일체의 언급도 하지 않고 있는 것이다. 그러나 "영수는 화장실에 가고 손을 씻었다"는 앞의 문장과 전혀 다른 의미를 가진 문장이다.

연언문과 관련된 타당한 추론규칙

'단순화 법칙'과 '연언법칙'은 일상에서 우리들이 흔히 사용하는 타당한 논증형식들이다.

13장. 연언명제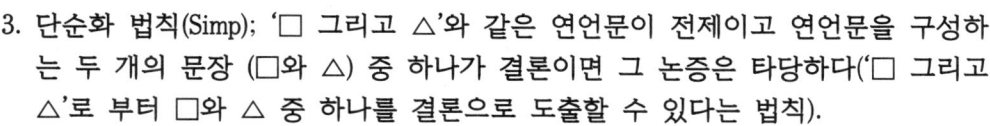

3. 단순화 법칙(Simp); '□ 그리고 △'와 같은 연언문이 전제이고 연언문을 구성하는 두 개의 문장 (□와 △) 중 하나가 결론이면 그 논증은 타당하다('□ 그리고 △'로 부터 □와 △ 중 하나를 결론으로 도출할 수 있다는 법칙).

길동이는 미남이고 부자이다.
―――――――――――――――――
길동이는 미남이다.

'길동이는 미남이다'를 A로, '길동이는 부자이다'를 B로 표시하면 이 논증은 아래처럼 나타낼 수 있다.

A&B
―――
A

앞에서 전제인 A&B가 T이면 결론인 A는 반드시 T이므로, 앞의 논증은 타당하다. 이 논증이 타당한 이유는 이 논증이 갖추고 있는 논증형식 때문이다. 이 논증의 논증형식은 아래처럼 정리될 수 있다.

4. 단순화 법칙(Simp)

□&△
―――
□

4의 도식화된 단순화 법칙은 앞에서 살펴본 타당한 논증형식을 추론규칙으로 도식화시킨 것이다. 따라서 단순화 법칙은 □&△의 형태를 갖춘 연언문으로부터 그 연언문을 구성하는 각각의 연언들을 도출해낼 수 있다는 규칙이다.

5. 연언법칙(Conj); □와 △와 같은 두 개의 문장이 전제 이고 이 두 문장이 연접된 □ 그리고 △가 결론이면 그 논증은 타당하다 (□와 △로부터 연언문인 □&△가 결론으로 도출될 수 있다는 법칙).

연언법칙은 아래와 같은 예에서 찾아볼 수 있는 타당한 논증형식을 추론규칙으로 도식화시킨 것이다.

논리와 비판적 사고

　　　　길동이는 미남이다.
　　　　길동이는 부자이다.
　　─────────────────
　　　　길동이는 미남이고 부자이다.

　이 논증은 타당하다. 두 개의 전제가 모두 참이면 결론도 반드시 참이기 때문이다. 이 논증의 논증형식은 6처럼 정리될 수 있다.

6. 연언법칙(Conj)

　　　　□
　　　　△
　　─────
　　　　□&△

　6의 도식화된 연언법칙은 앞에서 살펴본 타당한 논증형식을 추론규칙으로 도식화시킨 것이다. 따라서 연언법칙은 □와 △로부터 이들을 각각의 연언으로 하는 연언문을 도출해낼 수 있다는 규칙이다.

13장. 연언명제

연습문제

1. 단순화법칙이 사용된 논증의 예를 제시하라.

2. 연언법칙이 사용된 논증의 예를 제시하라.

3. "길동이 부부는 결혼하고 애를 낳았다"를 연언문으로 취급할 수 있는가?

4. "길동이와 길순이는 어제 결혼했다."는 연언문으로 취급될 수 있는가?

5. (길동이가 미남이면 순희는 그를 좋아한다. 길동이는 미남이고 철수는 미남이 아니다. 철수가 미남인 것은 순희가 그를 좋아하기 위한 필요조건이다. / ∴순희는 길동이를 좋아하고 철수를 좋아하지 않는다.) 조건문과 연언문과 관련된 추론규칙을 사용하여 앞의 논증이 타당하다는 것을 보여라.

에듀컨텐츠·휴피아
Educontents·Huepia

14장. 선언명제

선언명제는 두 개의 문장이 '… 거나 ~'와 '… 혹은 ~'같은 선언문에 사용되는 연결사에 의해 연결되는 문장이다. '∨'는 선언문(Disjunction)을 나타내는 기호로 사용된다. '∨'의 진리함수적 의미는 1.처럼 정의될 수 있다.

1. □∨△: □와 △가 모두 F인 경우에만 F이고, 다른 경우는 모두 T이다.

'∨'는 흔히 자연언어에서의 '… 거나 ~'(or)와 동일한 의미를 가진 것으로 설명되고 있다. 대체로 '거나'가 사용된 문장은 '∨'를 사용하여 번역할 수 있다.

길동이는 산을 좋아하거나 바다를 좋아한다.

'길동이는 산을 좋아한다.'를 A로, '길동이는 바다를 좋아한다.'를 B로 나타낸다면, 앞의 문장은 'A∨B'로 기호화될 수 있다. 그러므로 A나 B 둘 중의 하나가 참이어도, A와 B 모두가 참이어도 'A∨B'는 참이고, 거짓인 경우는 A와 B 모두가 거짓인 경우일 때뿐이다. 따라서 진리함수적 의미로 볼 때, 연결사 '… 거나 ~'가 사용된 대부분의 문장은 '∨'를 사용하여 표현될 수 있다. 그러나 '… 거나 ~'가 사용되었으면서도 아래처럼 '∨'를 사용하여 표현될 수 없는 경우가 있다.

장희는 남자이거나 여자이다.

이 문장은 앞에서와 마찬가지로 '거나'가 사용된 문장이지만, 앞에서처럼 '□∨△'의 형식으로 번역될 수 없다. 왜냐하면 장희는 남자이거나 여자 둘 중의 하나이지 결코 남자이면서 동시에 여자일 수는 없기 때문이다. 즉, '장희는 남자이다'를 C로 '장희는 여자이다'를 D로 번역하면, 이 문장의 경우에 C나 D 둘 중 하나가 참인 경우는 성립하지만, C와 D 모두 참인 경우는 성립할 수 없다. 선언문을 구성하는 두 개의 문장이 동시에 모두 참일 수가 없는 선언문을 배척(타)적 선언문(Rejective, Exclusive Disjunction)이라 하고, 선언문을 구성하는 두 개의 문장이 모두 참일 수가 있는 선언문을 포괄적 선언문(Inclusive Disjunction)이라 한다.

앞에서 보았듯이 배척(타)적 선언문은 '□∨△'의 형식으로 표현될 수 없기 때문에 일부 논리학자들은 새로운 기호를 도입하여 배척(타)적 선언문을 나타내기도 한다. 여기서는 잠정적으로 배척(타)적 선언문을 표현하는 기호를 소개하겠다.

2. □▽△: □나 △ 둘 중의 하나가 T인 경우에만 T이다.

2에 따르면, 앞에서 본 배척(타)적 선언문은 'C▽D'로 번역될 수 있다. 그러나 배척(타)적 선언문을 표현하기 위해 우리가 인정한 다섯 가지 연결사 이외에 '▽'와 같은 새로운 연결사를 도입해야만 하는 것은 아니다. 기존의 다섯 가지 연결사만을 사용해서도 배척(타)적 선언문은 표현될 수 있다.

'장희는 남자이거나 여자이다'를 포괄적으로 해석한 번역인 'C∨D'는 C와 D가 모두 참인 경우가 인정되는 표현이다. 따라서 'C∨D'에서 C와 D가 모두 참일 경우를 배제시킬 수 있는 표현이 성립하면, 그 표현은 이 문장의 진리함수적 의미에 대한 표현이라 할 수 있다. 앞의 문장은 아래처럼 다시 표현될 수 있다.

장희는 남자이거나 여자이지만, 남자이면서 동시에 여자인 것은 아니다.

앞의 표현은 '(C∨D)&~(C&D)'로 번역된다. 이 번역은 포괄적 선언문인 'C∨D'에서 C와 D가 모두 참인 경우를 배제한 표현이다. 따라서 이 표현은 'C▽D'와 동일한 진리함수적 의미를 가진다.

선언문과 관련된 타당한 추론규칙

선언문과 관련된 타당한 논증형식은 선언삼단논증(DS(Disjunctive Syllogism))과 더하기(Add(Addition))법칙이다.

3. 선언삼단논증; 선언문과 선언문을 구성하는 두 개의 문장 중 하나의 부정이 전제이고 선언문을 구성하는 다른 한 명제가 결론이면 이 논증은 타당하다.

선언삼단논증은 아래와 같은 타당한 논증을 추론규칙으로 도식화한 것이다.

길동이는 천재이거나 노력가이다.
길동이는 천재가 아니다.
―――――――――――――――――
길동이는 노력가이다.

14장. 선언명제

첫 번째 전제와 두 번째 전제가 모두 참이면 결론도 반드시 참이어야 하므로 이 논증은 타당하다. 이 논증의 논증형식은 아래처럼 정리될 수 있다.

(선언삼단논증(DS))

$$□ \vee △$$
$$\sim □$$
$$\overline{}$$
$$△$$

도식화된 선언삼단논증은 앞에서 살펴본 타당한 논증형식을 추론규칙으로 도식화시킨 것이다. 따라서 선언삼단논증은 하나의 선언문과 그 선언문을 구성하는 하나의 선언의 부정으로부터 다른 선언이 유도될 수 있다는 것을 나타낸 규칙이다.

4. 더하기 법칙; 하나의 명제 □가 전제이고 □에 선언문을 나타내는 연결사인 '거나'를 사용하여 다른 명제 △를 추가한 '□거나△'의 형식의 문장을 결론으로 할 경우 그 논증은 타당하다.

더하기 법칙은 아래와 같은 타당한 논증을 추론규칙으로 도식화한 것이다.

길동이는 미남이다.
$$\overline{}$$
길동이는 미남이거나 부자이다.

전제가 참이면 결론도 반드시 참이므로 앞의 논증은 타당한 논증이다. 이 논증의 논증형식은 아래처럼 정리될 수 있다.

(더하기 법칙)

$$□$$
$$\overline{}$$
$$□ \vee △$$

도식화된 더하기 법칙은 앞의 타당한 논증형식을 추론규칙으로 도식화 한 것이다. 따라서 더하기 법칙은 하나의 문장으로부터 그 문장과 다른 문장을 선언문을 나타내는 연결사인 '거나'로 연결한 문장이 결론으로 도출된다는 것을 나타내는 법칙이다.

논리와 비판적 사고

5. **건설적 양도논법**(Constructive Dilemma); '□거나△'형식의 선언문과 '□→○'형식의 조건문 그리고 '△→○'형식의 조건문이 전제들이고 두 조건문의 후건인 '○'형식의 문장이 결론이면 그 논증은 타당하다.

건설적 양도논법은 아래와 같은 타당한 논증을 추론규칙으로 도식화한 것이다.

길동이는 미남이거나 성격이 좋다.
길동이가 미남이면 길순이는 그를 좋아할 것이다
길동이가 성격이 좋아도 역시 길순이는 그를 좋아할 것이다.
―――――――――――――――――――――――――――
길순이는 길동이를 좋아할 것이다.

타당한 논증이다. 길동이는 미남이거나 성격이 좋은데 길동이가 미남일 경우에도 길동이가 성격이 좋을 경우에도 길순이는 그를 좋아할 것이기 때문이다. 이 논증의 논증형식은 아래처럼 도식화될 수 있다.

(건설적 양도논법)

$$\begin{array}{c} \Box \vee \triangle \\ \Box \to \bigcirc \\ \triangle \to \bigcirc \\ \hline \bigcirc \end{array}$$

도식화된 건설적 양도논법은 앞에서 살펴본 타당한 논증형식을 추론규칙으로 도식화한 것이다. 따라서 건설적 양도논법은 선언문과 선언문을 구성하는 두 개의 문장이 각기 조건문의 전건일 경우 두 조건문의 후건이 결론으로 도출될 수 있다는 법칙이다.

6. **선언지 긍정의 오류**: 포괄적 선언문과 선언문을 구성하는 두 개의 문장 중 하나가 전제이고 다른 한 문장의 부정이 결론이면 그 논증은 타당하지 않다.

길동이는 산을 좋아하거나 바다를 좋아한다
길동이는 산을 좋아한다.
―――――――――――――――――――――――――――
길동이는 바다를 좋아하지 않는다.

14장. 선언명제

이 논증은 타당하지 않다. 첫 번째 전제는 포괄적 선언문이고 길동이가 산과 함께 바다도 좋아할 수 있을 것이기 때문이다. 선언지긍정의 오류는 아래처럼 도식화될 수 있다.

(선언지긍정의 오류)

$$□ \vee △$$
$$□$$
$$\overline{}$$
$$\sim △$$

선언지긍정의 오류는 포괄적 선언문과 그 선언문을 구성하는 두선언지 중 하나로부터 다른 선언지의 부정을 결론으로 도출한 논증은 타당하지 않다는 것이다. 그러나 선언지 긍정의 오류는 배척적선언문이 아닌 포괄적선언문의 경우에만 적용되는 오류이다.

길동이는 남자이거나 여자이다.
길동이는 남자이다.
_____
길동이는 여자가 아니다.

길동이는 남자이며 동시에 여자일 수 없으므로 길동이가 남자라면 그는 반드시 여자가 아니어야 한다. 따라서 배척적 선언문이 사용된 이 논증은 타당한 논증이다.

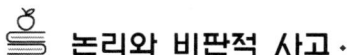 논리와 비판적 사고・

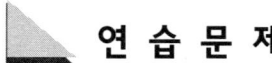 연 습 문 제

1. 더하기법칙이 사용된 논증의 예를 제시하라.

2. 선언삼단논증이 사용된 논증의 예를 제시하라.

3. 배척적 선언문의 예 3개를 찾아내라.

4. 프라타고라스에게 변론술을 배운 율라토스의 변론을 건설적 양도논법으로 구성하라.

<율라투스의 변론>
나는 이 재판에서 이기거나 지거나 (변론술을 배운)학비를 프라타고라스에게 지불하지 않아도 된다. 왜냐하면 나는 첫 재판인 이 재판에서 이기거나 질 것인데 만약 내가 이기면 재판의 판결에 따라 학비를 지불하지 않아도 되고 만약 진다면 처음 재판에서 승소할 경우에만 학비를 지불해야 한다는 프라타고라스와의 계약에 따라 학비를 지불하지 않아도 되기 때문이다.

5. "길동이는 성실하거나 고집이 세다. 그런데 길동이는 고집이 세다. 따라서 그는 성실하지 않다." 앞의 문장들을 논증으로 구성하여 타당성 여부를 판단하라.

15장. 쌍조건 명제(동치명제)

 쌍조건 명제(쌍조건문)는 '… 경우 꼭 그 경우에만 ~'와 같은 연결사에 의해 두 문장이 연결된 문장이다. 영어로는 '… if and only if ~'나 '… when and only when ~' 등이 쌍조건 명제에 해당하는 연결사이다. '… 경우 꼭 그 경우에만 ~' 외에도 아래와 같은 표현이 쌍조건 명제를 나타내는 연결사이다.

1. … 경우 꼭 그 경우에만 ~, … 일 때 꼭 그때에만 ~, …는 ~의 필요충분조건이다

 '↔'는 쌍조건문을 나타내는 기호로 사용된다. '↔'의 진리함수적 의미는 2)처럼 정의될 수 있다.

2. □↔△: □와 △가 모두 T이거나 모두 F일 경우에만 T이고, 다른 경우에는 모두 F이다.

 영어에서의 'if and only if'나 'when and only when' 등이 '↔'를 사용하여 표현될 수 있으나, 국어에서는 '↔'에 해당하는 마땅한 표현이 존재하지 않는다. 구태여 열거한다면, '… 는 ~의 필요충분조건이다' 또는 '… 경우 꼭 그러할 경우에만 ~' 등이 '↔'로 번역될 수 있는 표현들이다.
 쌍조건문이란 전건과 후건이 서로 바뀐 두 개의 조건문이 서로 연결된 문장 '(□→△)&(△→□)'을 말한다. 따라서 '(□→△)&(△→□)'와 '□↔△'의 진리함수적 의미는 동일하다. '□→△'와 '△→□'가 모두 참이어야 '(□→△)&(△→□)'가 참인데, '□→△'와 '△→□'가 모두 참인 경우는 '□'와 '△'가 모두 참이거나 모두 거짓이어야 하고, 다른 경우에는 둘 중의 하나가 거짓일 것이기 때문이다. 따라서 '□→△' 형식의 문장을 조건문이라고 한다면, '□↔△'를 쌍조건문이라고 하는 것은 타당하다.
 그러나 앞에서 보았듯이, '→'를 사용해서는 조건문이 완벽하게 번역될 수 없고, 오직 조건문들이 공유하는 부분적인 의미만이 번역될 수 있다. 이 때문에 '□→△' 형식의 문장은 일반적인 조건문과 구별하여 '질료적 조건문'이라고 한다. '□↔△' 형식의 문장은 '□→△'와 '△→□'의 두 개의 질료적 조건문이 연결된

문장이다. 따라서 '□↔△' 형식의 문장도 '질료적 쌍조건문'이라고 불려야 할 것이다.

쌍조건문과 관련된 타당한 추론규칙

쌍조건문과 관련된 타당한 논증형식은 동치기호 제거법칙(BE(Biconditional Elimination))과 동치기호 도입법칙(BI(Biconditional Introduction)이다.

3. 동치기호 제거법칙; 쌍조건문과 쌍조건문을 구성하는 두 개의 문장중 하나가 전제들이고 쌍조건문을 구성하는 두 문장 중 다른 한 문장이 결론이면 그 논증은 타당하다. 동치기호 제거법칙은 아래와 같은 타당한 논증을 추론 규칙으로 도식화 한 것이다.

   세 개의 각을 가진다는 것은 삼각형이기 위한 필요충분조건이다.
   이 다각형은 세 개의 각을 가지고 있다.
   ─────────────────────────
   이 다각형은 삼각형이다.

전제들이 참이면 결론도 반드시 참이어야 하므로 이 논증은 타당하다. 이 논증의 논증형식은 아래처럼 도식화될 수 있다.

(동치기호 제거법칙)

$$\frac{\square \leftrightarrow \triangle}{\triangle}$$
$$\square$$

동치기호 제거법칙은 앞에서 살펴본 논증에서 볼 수 있는 타당한 논증형식을 추론규칙으로 도식화한 것이다. 따라서 동치기호 제거법칙은 쌍조건문과 그 쌍조건문을 구성하는 두 문장 중 하나로부터 다른 하나의 문장이 도출될 수 있다는 추론규칙이다.

4. 동치기호 도입법칙; '만약 □이면 △이다' 형식의 조건문과 '만약 △이면 □' 형식의 조건문이 전제이고 '□는 △를 위한 필요충분조건이다' 형식의 쌍조건문이 결론이면 그 논증은 타당하다.

15장. 쌍조건 명제(동치명제)

동치기호 도입법칙은 아래와 같은 논증에서 볼 수 있는 타당한 논증형식을 추론규칙으로 도식화한 것이다.

만약 내일 아침에 비가 오지 않으면, 우리는 내일 소풍을 갈 것이다.
만약 우리가 내일 소풍을 간다면, 내일 아침에 비가 오지 않을 것이다.
―――――――――――――――――――――――――――――――――――――――
내일 아침에 비가 오지 않는 것은 우리가 내일 소풍을 가기 위한 필요충분조건이다.

전제들이 참이고 결론이 거짓일 가능성이 없으므로 이 논증은 타당하다. 여기서 사용되고 있는 논증형식은 아래와 같이 도식화될 수 있다.

(동치기호 도입법칙)

$$\frac{\square \rightarrow \triangle \\ \triangle \rightarrow \square}{\square \leftrightarrow \triangle}$$

도식화된 동치기호 도입법칙은 앞에서 살펴본 타당한 논증형식을 추론규칙으로 도식화시킨 것이다. 따라서 동치기호 도입법칙은 하나의 조건문($\square \rightarrow \triangle$)과 그 조건문의 전건과 후건이 바뀐 조건문($\triangle \rightarrow \square$)으로부터 쌍조건문($\square \leftrightarrow \triangle$)이 도출될 수 있다는 추론규칙이다.

논리와 비판적 사고·

연습문제

1. 동치기호 도입법칙이 사용된 논증의 사례를 제시하라.

2. 동치기호 제거법칙이 사용된 논증의 사례를 제시하라.

3. '길동이가 미남인 것은 순희가 그를 좋아하기 위한 필요조건이지만 필요충분조건은 아니다.' 앞의 문장을 기호화하라.

16장. 진리표

진리표란 복합명제(연결사가 사용된 문장)의 진리치가 단칭명제의 진리치와 연결사들의 진리함수적 의미에 따라 어떻게 결정되는가를 일목요연하게 표현해 주는 논리적 장치이다. 진리표를 작성하여 우리는 명제들의 논리적 성격과 논증들의 타당성 여부를 파악할 수 있다.

진리표는 어떻게 작성하는가?

한 문장 □의 진리표는 아래의 방법과 순서에 따라 작성될 수 있다.

1. 한 문장 □에 대한 진리표 작성방법
   i) 다음과 같이 십자를 그린다.

   ii) 십자의 오른쪽 상단에 □를 기입한다.
   iii) 십자의 왼쪽 상단에 □에 나타나는 모든 단칭명제들을 열거한다.
   iv) 서로 다른 단칭명제(단문)들의 수에 따라 진리표의 하단에 몇 개의 줄(단칭명제들과 관련한 진리치의 모든 조합의 가능성)이 사용되어야 하는지를 파악한다.
      (* 진리표 상의 줄의 수 = 2^n (여기서 n은 □에 나타나는 단칭명제의 수이다. 만약 □에 세 개의 다른 단칭명제가 나오면 진리표 하단부의 줄의 수는 2^3=8개이다.)
   v) 문장기호들을 열거한 제일 안쪽의 문장기호 아래의 위에서부터 아래로 처음에는 T를, 그 다음에는 F의 순으로 기입하라. 그 다음 열에서는 처음에는 T를 계속해서 두 번 기입한 후, F를 두 번 연속해서 기입하는 방법으로, 그 다음 열에서는 처음에는 T를 4번 계속 기입하고, 다음에는 F를 4번 계속 기입하는 방법으로 왼쪽 하단부를 완성한다(두 배씩).
   vi) 각각의 줄에 따라 □의 진리치를 계산한다.

📚 논리와 비판적 사고·

1의 순서에 따라 진리표를 작성해 보겠다.

길동이가 미남이면 길순이는 그를 좋아할 것이지만, 길동이는 미남이 아니거나 성격이 좋지 않다.

'길동이는 미남이다.'를 A로 '길순이는 길동이를 좋아한다.'를 B로 '길동이는 성격이 좋다'를 C로 나타낼 경우 앞의 문장은 진리함수적 의미에 따라 아래처럼 기호화된다.

1) (A→B)&(~A∨~C)

1)에는 세 개의 서로 다른 단칭명제(알파벳)가 나타나고 있다. 따라서 1의 i)과 ii)와 iii)을 차례로 수행하면 2)를 얻게 된다. (*설명을 간결히 하기 위해서 (A→B)를 □로 (~A∨~C)를 △로 대치하는 것을 허용한다.)

2)

A	B	C	(A→B)&(~A∨~C)
T	T	T	
T	T	F	
T	F	T	
T	F	F	
F	T	T	
F	T	F	
F	F	T	
F	F	F	

앞에서 우리는 연결사들을 기호화한 '~', '→', '&', '∨', '↔'는 오직 진리함수적 의미만을 가지고 있다는 것을 보았다. 이들 연결사들의 진리함수적 의미는 아래처럼 도식으로 나타낼 수 있다.

□	△	~□	□→△	□&△	□∨△	□↔△
T	T	F	T	T	T	T
T	F	F	F	F	T	F
F	T	T	T	F	T	F
F	F	T	T	F	F	T

16장. 진리표

　1)의 주 연결사는 '&'이므로 1)의 진리치를 알기 위해서는 □와 △의 진리치를 먼저 알아내야 한다. □의 주 연결사는 →이므로 □의 진리치는 A와 B의 진리치에 따라 계산될 수 있다. 또한 △의 진리치를 알기 위해서는 '∨'에 의해 연결된 ~A와 ~C의 진리치를 먼저 계산해 내야 한다.

　우선 □와 △의 진리치는 각 줄에서 다음의 3)과 같이 계산된다.(*연결사 밑에 그 연결사로 연결된 문장의 진리치를 기입한다.)

3)

A B C	(A→B)&(~A∨~C)
T T T	T　　F
T T F	T　　T
T F T	F　　F
T F F	F　　T
F T T	T　　T
F T F	T　　T
F F T	T　　T
F F F	T　　T

　따라서 1)의 진리치는 4)에서와 같이 계산될 수 있다.

4)

A B C	(A→B)&(~A∨~C)
T T T	T **F** F
T T F	T **T** T
T F T	F **F** F
T F F	F **F** T
F T T	T **T** T
F T F	T **T** T
F F T	T **T** T
F F F	T **T** T

　4)에서 보듯이 1)은 A, B, C가 모두 참일 경우와 A와 C가 참이고 B가 거짓일 경우에만 거짓이고 다른 경우에는 모두 참이다. 즉 앞의 명제는 참일 가능성도 거짓일 가능성도 있는 우연명제이다.

논리와 비판적 사고

한 논증의 타당성 여부를 진리표를 사용하여 검증해보겠다.

길순이는 미녀이거나 추녀인데 만약 길순이가 추녀이면 길동이는 그녀를 좋아하지 않을 것이다.

    길순이는 미녀가 아니다.
_____
    길동이는 길순이를 좋아하지 않거나 길순이는 추녀이다.

진리함수적 의미만을 고려할 경우 이 논증은 아래처럼 기호화될 수 있다.

  ((A∨B)&~(A&B))&(B→~C)
    ~A
_____
    ~C∨B

(*'길순이는 미녀이거나 추녀이다'는 배타적 선언문이다)

기호화된 논증에 대한 진리표는 아래와 같다.

A	B	C	((A∨B)	&	~(A&B))	&	(B→~C)	~A	~C∨B
T	T	T	T	F	F	**F**	F	F	T
T	T	F	T	F	F	**F**	T	F	T
T	F	T	T	T	T	**T**	T	F	F
T	F	F	T	T	T	**T**	T	F	T
F	T	T	T	T	T	**F**	F	T	T
F	T	F	T	T	T	**T**	T	T	T
F	F	T	F	F	T	**F**	T	T	F
F	F	F	F	F	T	**F**	T	T	T

타당성의 정의에 따르면 한 논증은 '전제들이 모두 참이고 결론이 거짓일' 가능성이 있으면 타당하지 않고 그러한 가능성이 없으면 타당하다. 이 논증에 대한 진리표에 따르면 전제들이 모두 T이고 결론이 F인 줄(가능성)이 없다. 따라서 이 논증은 타당하다.

16장. 진리표

연습문제

1. 진리함수적 의미에 입각해 아래의 문장들을 기호화하라.
   ① 철수, 영수, 순이 중 적어도 1명은 서울 출신이다.
   ② 철수, 영수, 순이 중 많아야 2명이 서울 출신이다.
   ③ 철수, 영수, 순이 중 정확하게 2명이 서울 출신이다.
   ⑤ 순희는 미녀이거나 추녀인데 만약 그녀가 추녀이면 길동이는 그녀를 사랑하지 않을 것이다.
   ⑥ 길순이가 미녀인 것은 길동이가 길순이를 좋아하기 위한 필요조건이지만 충분조건은 아니다.
   ⑦ 길순이가 미녀이고 성격이 좋은 것은 길동이가 그녀를 사랑하기 위한 필요충분조건이다.
   ⑧ 만약 6.25가 발발하지 않았다면 한국은 분단국가가 아니고 경제대국이 되었을 것이다.
   ⑨ 지구는 화성보다 크거나 작지만 지구는 생명체가 살 수 있는 행성인데 반해 화성은 생명체가 살 수 없는 행성이다.

2. 아래의 문장, 문장들의 쌍, 문장들의 집합, 논증들의 논리적 성격을 진리표를 사용하여 규명하라.
   ① ~C&(((A→B)&(~B∨C))&A)
   ② (~A→~(C&B))→~C,   ~(C∨~(B&A))∨~A
   ③ {~A∨~B, B→~C, ~(C&A), (A∨B)&(A∨C)}

   ④   ~((A&B)&C)→(A∨~C)
        (~A∨B)&(B→C)
       ―――――――――――――
        B↔C

   ⑤   ~A→(~B→(A↔C))
        (~B∨A)&(~C∨B)
       ―――――――――――――
        ~(~C&B)

17장. 자연연역(형식증명)

11장부터 15장에 걸쳐 우리는 각각의 복합명제들과 관련된 타당한 추론규칙들에 대해 배웠다. 앞에서 말했듯이 이들 타당한 추론규칙들은 우리가 일상적으로 상대방을 설득하기 위해 사용하는 추론방식을 형식화한 것에 불과하다. 하나의 예를 통해 이를 살펴보겠다.

① 정황으로 보아 길동이와 철수와 순희 중 적어도 한 명이 K를 죽인 살인범이다.
② 만약 길동이가 살인이 벌어진 시간에 자신의 집에 있었다면 길동이는 살인범이 아니다.
③ 그런데 실제로 길동이는 살인이 벌어진 시간에 자신의 집에서 TV를 보고 있었다.
④ 또한 철수가 장님이라면 살인을 저지르지 못했을 것인데,
⑤ 철수는 실제로 장님이다.

서술된 내용으로부터 우리는 쉽게 K씨를 죽인 범인이 순희라는 것을 추론해 낼 수 있다. 순희가 살인범이라는 결론을 얻어낸 우리의 추론 과정은 1)처럼 설명될 수 있다.

1) ① 정황으로 보아 길동이와 철수와 순희 중 적어도 한 명이 K씨를 죽인 살인범이다.
② 만약 길동이가 살인이 벌어진 시간에 자신의 집에 있었다면 길동이는 살인범이 아니다.
③ 그런데 실제로 길동이는 살인이 벌어진 시간에 자신의 집에서 TV를 보고 있었다.
④ 또한 철수가 장님이라면 살인을 저지르지 못했을 것인데,
⑤ 철수는 실제로 장님이다.
⑥ 길동이는 살인범이 아니다(②와 ③으로부터 추론된다).
⑦ 철수나 순희 중 적어도 한 명이 K씨를 살해했다(①과 ⑥으로부터 추론된다).
⑧ 철수는 살인범이 아니다(④와 ⑤로부터 추론된다).
⑨ 순희가 K씨를 죽인 살인범이다(⑦과 ⑧로부터 추론된다).

논리와 비판적 사고·

진리표를 사용해서 쉽게 증명될 수 있듯이 ①, ②, ③, ④, ⑤가 전제이고 ⑨가 결론인 논증은 타당한 논증이다. 따라서 1)은 ①, ②, ③, ④, ⑤의 전제들로부터 추론되는 결론 ⑨를 찾아내는 과정을 보여주고 있다고 할 수 있다.

1)에서 ①, ②, ③, ④, ⑤는 모두 전제들이고, ⑥, ⑦, ⑧, ⑨는 모두 앞에 나오는 문장들로부터 타당한 논증형식을 사용하여 유도된 문장들이다. ⑥과 ⑧은 모두 전건긍정의 법칙(MP)이라 불리는 타당한 논증형식을 사용해서 유도되었고, ⑦과 ⑨는 선언삼단논증(DS)이라 불리는 타당한 논증형식을 사용하여 유도되었다. 진리함수적 의미에 따라 기호화하면 1)은 2)처럼 표현될 수 있다.

2) ① $A \lor (B \lor C)$
   ② $D \rightarrow \sim A$
   ③ D
   ④ $E \rightarrow \sim B$
   ⑤ E
   ⑥ $\sim A$ ②, ③ 전건긍정의 법칙
   ⑦ $B \lor C$ ①, ⑥ 선언삼단논증
   ⑧ $\sim B$ ④, ⑤ 전건긍정의 법칙
   ⑨ C ⑦, ⑧ 선언삼단논증

2)에서 ~A는 D→~A와 D로부터 추론되었다. 따라서 ②와 ③으로부터 ⑥의 추론은 아래처럼 표현된다.

4)
$$\frac{D \rightarrow \sim A \quad\quad D}{\sim A} \quad\Rightarrow\quad \frac{\square \rightarrow \triangle \quad\quad \square}{\triangle}$$

4)는 타당한 논증형식인 전건긍정의 법칙의 한 대체 예이다. 쉽게 알 수 있듯이 ④와 ⑤로부터 ⑧로의 추론도 전건긍정법칙의 한 대체 예이다.

$$\frac{E \rightarrow \sim B \quad\quad E}{\sim B}$$

17장. 자연연역(형식증명)

이에 반해 ①과 ⑥으로부터 ⑦의 추론과 ⑦과 ⑧로부터 ⑨의 추론은 선언삼단논증의 한 대체 예이다.

$$\frac{A \vee (B \vee C),\ \sim A}{B \vee C} \qquad \frac{B \vee C,\ \sim B}{C} \qquad \Rightarrow \qquad \frac{\square \vee \triangle,\ \sim \square}{\triangle}$$

전건긍정의 법칙이나 선언삼단논증은 타당한 논증형식이다. 따라서 자연연역이란 타당한 논증형식들을 포함한 타당한 추론규칙들을 사용하여 논증의 타당성과 같은 연역논리의 기본적 개념들이 적용되는가를 증명하는 방식이라 할 수 있다.

타당한 논증형식

앞에서 우리는 자연연역이란 타당한 논증형식들을 포함한 추론규칙들을 사용하여 타당성 등을 검증하는 방식이라고 설명했다. 이 설명이 전적으로 잘못된 것은 아니지만 자연연역에 대한 이러한 설명은 문제를 안고 있다. 왜냐하면 모든 타당한 논증을 형식화시키면, 그것은 하나의 타당한 논증형식이게 되고, 타당한 논증형식은 그 수가 무한하기 때문이다. 한 예로 2)의 전제들과 결론을 형식화시킨 아래의 논증형식도 하나의 타당한 논증형식이라 할 수 있다.

$$\frac{\square \vee (\triangle \vee \bigcirc),\ \diamond \rightarrow \sim \square,\ \diamond,\ \star \rightarrow \sim \triangle,\ \star}{\bigcirc}$$

따라서 자연연역에 사용될 수 있는 타당한 논증형식들은 가장 기본적인 것에 국한될 필요가 있다. 여기서는 11장에서 15장을 통해 소개된 12개의 가장 기본적이고 명백한 타당한 논증형식들과 증명방식들만을 사용하여 자연연역을 위한 추론규칙으로 받아들일 것이다.

논리와 비판적 사고·

1. 자연연역을 위한 추론규칙

    전건긍정의 법칙(MP(Modus Ponens))
    i   □→△
    l   □
    ─────────────
         △   i, l MP

    후건부정의 법칙(MT(Modus Tollens)
    i   □→△
    l   ~△
    ─────────────
         ~□   i, l MT

    조건증명(CP(Conditional Proof))
    i   □를 가정
    l   △
    ─────────────
       □→△   i~l CP

    조건삼단논증(HS(Hypothetical Syllogism)
    i   □→△
    l   △→○
    ─────────────
       □→○   i~l HS

    단순화 법칙(Simp(Simplification))
    i   □&△   i   □&△
    ─────────   ─────────
        □   i Simp   △   i Simp

17장. 자연연역(형식증명)

연언법칙(Conj(Conjunction))

i	□		i	□	
l	△		l	△	
	□&△	i, l Conj		△&□	i, l Conj

선언삼단논증(DS(Disjunctive Syllogism))

i	□∨△		i	□∨△	
l	~□		l	~△	
	△	i, l DS		□	i, l DS

i	~□∨△		i	□∨~△	
l	□		l	△	
	△	i, l DS		□	i, l DS

더하기(Add(Addition))

i	□		i	□	
	□∨△	i Add		△∨□	i Add

동치기호 제거법칙(BE(Biconditional Elimination))

i	□↔△		i	□↔△	
l	□		l	△	
	△	i, l BE		□	i, l BE

논리와 비판적 사고

동치기호 도입법칙(BI(Biconditional Introduction))

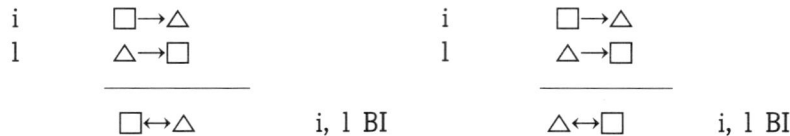

귀류법(RA(Reductio Ad Absurdum = Reduction to Absurdity))

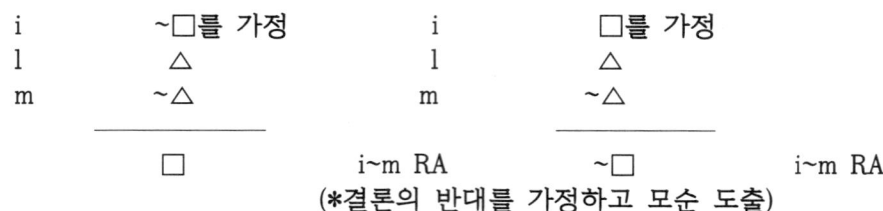

(*결론의 반대를 가정하고 모순 도출)

건설적 양도논법(CD(Constructive Dilemma))

```
i    □∨△
l    □→○
m    △→○
     ─────
     ○       i~m CD
```

자연연역에 대한 이해를 돕기 위해 아래의 퍼즐을 살펴보겠다. 이 퍼즐은 논리학에서 논증을 평가하는 다양한 논리적 방식들을 이해하기 위한 연습문제로 사용될 수 있는 퍼즐이다. 필자도 이 퍼즐을 『논리학-명제논리와 술어논리』에서 진리표 방식과 자연연역 방식을 설명하기 위한 하나의 소재로 사용하고 있다.

~~박 반장의 추리~~

경기도 도경의 강력계 수사반장 박 반장은 청평호 근처의 한 호화별장에서 살인사건이 발생했다는 정보를 입수하고 사건현장인 호화별장에 출동했다. 살해된 사람은 이 별장의 소유주인 70대 노인이었고 유혈이 낭자한 살인 현장에는 주방에서 사용하는 칼과 로프가 놓여 있었다. 현장을 철저히 수색하고 별장에 고용된 사람들을 포함하여 주위 사람들을 탐문한 후, 별장에 설치된 CCTV를 조사한 결

17장. 자연연역(형식증명)

과 외부인의 출입은 없었던 것으로 드러났다. 작고 연약한 체구의 관리인과 하녀 그리고 아침 8시에 출근하여 저녁 6시에 퇴근하는 주방장과 운전사가 별장에 고용된 모든 사람이므로 외부인의 소행이 아니라면 살인범은 이 네 사람 중 하나여야 한다. 이들 중 운전사와 하녀는 오랫동안 암벽등산을 한 경력이 있어서 로프를 전문가처럼 사용할 수 있다고 한다. 또한 주방장은 퇴근할 때마다 주방문을 잠근다는 사실이 밝혀졌다. 박 반장은 이 모든 상황을 종합적으로 정리하여 아래의 10개의 명제들을 이 사건의 해결을 위한 증거로 채택했다. 박 반장이 사건 해결을 위한 증거로 사용한 10개의 명제는 아래와 같다.

1. 외부인의 침입이 없으므로 살인범은 별장에 고용된 네 사람 중 하나이다.
2. 오전 8시부터 오후 6시 사이에 살인이 발생했다면 살인범은 주방장이거나 하녀거나 운전사일 것이다
3. 오전 8시부터 오후 6시 사이에 살인이 발생하지 않았다면 살인자는 관리인이거나 하녀이다.
4. 살인도구는 주방에서 사용하는 칼이거나 로프일 것이다.
5. 살인도구가 칼이라면 살인현장에는 유혈이 낭자할 것이다.
6. 살인도구가 로프라면 살인현장에는 유혈이 낭자하지 않을 것이다.
7. 살인현장에는 유혈이 낭자했다.
8. 살인도구가 주방에서 사용하는 칼이라면 살인은 오전 8시에서 오후 6시 사이에 발생했을 것이다.
9. 살인도구가 로프가 아니라면 하녀는 살인범이 아닐 것이다.
10. 범인이 운전사라면 살인 도구는 로프였을 것이다.

증거로 채택된 10개의 명제로부터 추리하여 박 반장은, 별장에 고용된 네 사람 중 하나를 별장 주인을 살해한 범인으로 지목했다. 박 반장의 추리에 따르면 범인은 누구인가?

앞에 열거된 10개 명제들로 부터 추리한 결과, 박 반장은 별장의 소유주를 살해한 범인으로 주방장을 지목했다. 따라서 박 반장의 추리가 옳다면, 앞의 10개의 명제들이 전제들이고 "주방장이 살인범이다."라는 명제가 결론인 논증은 타당한 논증이고 앞의 명제들로부터 "주방장이 살인범이다."라는 결론이 자연연역에 의해 연역적으로 도출될 수 있어야 한다. 주방장이 범인이라는 박 반장의 추리는 아마도 아래처럼 정리될 수 있는 추론과정을 거쳤을 것이다.

논리와 비판적 사고

11. (6과 7에 의해) 살인도구가 로프라면 살인현장에는 유혈이 낭자하지 않았을 텐데 살인현장에 유혈이 낭자했으므로, 살인도구는 로프가 아니다.
12. (9와 11에 의해) 살인도구가 로프가 아니라면 하녀는 살인범이 아닐 텐데 살인도구가 로프가 아니므로, 하녀는 살인범이 아니다.
13. (10과 11에 의해) 살인범이 운전사라면 살인도구는 로프일 텐데 살인도구는 로프가 아니므로, 운전사는 살인범이 아니다.
14. (4와 11에 의해) 살인도구는 주방에서 쓰는 칼이거나 로프인데 살인도구는 로프가 아니므로, 살인도구는 주방에서 쓰는 칼이다.
15. (8과 14에 의해) 살인도구가 주방에서 쓰는 칼이라면 살인은 오전 8시부터 오후 6시 사이에 발생했을 텐데 살인도구가 주방에서 쓰던 칼이므로, 살인은 오전 8시부터 오후 6시 사이에 발생했다.
16. (2와 15에 의해) 오전 8시부터 오후 6시 사이에 살인이 발생했다면 살인범은 주방장이거나 하녀거나 운전사인데 살인은 오전 8시부터 오후 6시 사이에 발생했으므로, 살인범은 주방장이거나 하녀거나 운전사이다.
17. (13과 16에 의해) 살인범은 주방장이거나 하녀거나 운전사인데 운전사는 살인범이 아니므로, 살인범은 주방장이거나 하녀이다.
18. (12와 17에 의해) 살인범은 주방장이거나 하녀인데 하녀는 살인범이 아니므로, 살인범은 주방장이다.

이와 같은 추리과정을 거쳐 '주방장이 살인범이다.'라는 결론에 도달했다면 박반장 자신은 의식하지 못했을지 모르지만 그는 타당한 추론규칙을 사용하여 결론을 도출해내는 연역논리의 증명방법인 '자연연역(Natural Deduction)'의 몇 가지 추론규칙들을 사용한 셈이다. 우선 11단계와 13단계는 조건문과 조건문의 후건의 부정을 통해서 조건문의 전건의 부정이 도출될 수 있다는 '후건부정의 법칙(Modus Tollens)'을 사용한 것이고, 12와 15 그리고 16단계는 조건문과 조건문의 전건으로부터 조건문의 후건을 도출할 수 있다는 '전건긍정의 법칙(Modus Ponens)'을 사용한 것이다. 또한 14와 17, 18단계는 '선언삼단논증'을 사용한 것이라 할 수 있다.

17장. 자연연역(형식증명)

연습문제

1. 아래의 논증이 타당하다는 것을 자연연역으로 밝혀라.

a) (A∨B)→C
    D&~E
    ~B→E
    (D&B)→K
    ―――――――
    K&C

b) (R∨C)→(A∨D)
    C&~B
    A→B
    ―――――――
    (D∨K)&(~B∨R)

c) A∨B
    (C&~B)&D
    (A∨K)→G
    R→~G
    ―――――――
    (~R&D)∨P

에듀컨텐츠·휴피아
Educontents·Huepia

4부. 귀납논리

18장. 연역논증과 귀납논증

일반적으로 연역(deduction)은 "일반적인 원리나 명제로부터 구체적인 사실이나 명제들을 이끌어내는 추론(추리) 방식"으로, 귀납(induction)은 "개별적인 특수한 사실이나 명제로부터 일반적 원리나 명제들을 이끌어내는 추론(추리) 방식"으로 알려져 왔다. 한 예로 [두산백과]는 '귀납'을 아래처럼 설명하고 있다.

귀납이란 개별적인 특수한 사실이나 원리로부터 그러한 사례들이 포함되는 좀 더 확장된 일반적 명제를 이끌어내는 추리의 방법이다.

연역과 귀납에 대한 이러한 일반적인 이해에 따르면 연역논증은 일반적인 명제들로 구성된 전제들로부터 구체적이고 개별적인 명제가 결론으로 도출되는 논증이고 귀납논증은 구체적이고 개별적인 명제들로 구성된 전제들로부터 보다 일반적인 명제가 결론으로 도출되는 논증이라 할 수 있다. 그러나 아래의 예들에서 볼 수 있듯이 '연역'과 '귀납'에 대한 이러한 이해는 논리학사적인 입장에서 볼 때에는 나름대로 의미 있을 줄 모르나 현대논리학의 맥락에서 볼 때 전적으로 잘못된 것이다.

1) 만약 길동이가 인간이면 그는 포유류이다.
   만약 길동이가 포유류이면 그는 죽는다.
   ―――――――――――――――
   만약 길동이가 인간이면 그는 죽는다.

2) 길동이는 미남이거나 성실하다.
   길동이는 미남이 아니다.
   ―――――――――――――――
   길동이는 성실하다.

3) 지금까지 해는 동쪽에서 떴다.
   ―――――――――――――――
   내일도 해는 동쪽에서 뜰 것이다.

4) 대부분의 한국인은 성실하다.
   길동이는 한국인이다.
   ──────────────────
   길동이는 성실할 것이다.

　1)은 조건삼단논증의 형식을 갖춘 논증이고 2)는 선언삼단논증의 형식을 갖춘 논증으로 전제들이 모두 참이고 결론이 거짓일 가능성이 없는 타당한 연역논증들이다. 그러나 이들 논증에서 전제들은 결론들과 마찬가지로 일반적인 명제가 아닌 한 개체의 속성에 대해 언급하는 단칭명제로서 특수하고 개별적인 명제이다. 또한 3)과 4)는 전제들을 참이라 가정하면 결론도 참일 가능성이 높은 개연성이 매우 높은 귀납 논증이지만 전제들과 마찬가지로 이들 논증의 결론은 일반적인 명제가 아니다.

　3장에서 언급했듯이 논증을 평가하는 두 개의 기준은 '타당성'과 '개연성'이다. 또한 모든 논증에 이 두 기준이 공히 적용될 수 있다는 것과 모든 귀납논증은 타당한 논증이 아니라는 것을 감안하면 논증을 크게 타당한 논증과 부당한 논증으로 구분하고 부당한 논증을 다시 개연성이 높은 논증과 개연성이 높지 않은 논증으로 구분하는 것이 논증에 대한 적절한 분류방식일 것이다. 여기서 타당한 논증은 좋은(타당한) 연역논증에 해당하고 개연성이 높은 논증은 좋은(개연성이 높은) 귀납논증에 해당한다할 수 있다.

　앞에서 보았듯이 1)과 2)와 같은 타당한 연역논증의 경우 전제들이 참이면 결론도 반드시 참이어야 한다. 반면에 3)과 4)와 같은 개연성이 높은 귀납논증은 전제들이 참일지라도 결론이 참일 개연성이 높을 뿐 결론이 거짓일 가능성이 항상 존재한다. 연역논증과 귀납논증 사이의 이러한 차이점이 귀납논증에 대비한 연역논증의 상대적 우월성을 드러내는 것으로 간주되어서는 안 된다. 1)과 2)에서 볼 수 있듯이 타당한 연역논증의 경우 전제들이 참이면 결론이 거짓일 가능성이 없는 이유는 전제들로부터 결론이 필연적으로 귀결되기 때문이고, 이는 바꿔 말해 결론에서 주장하는 내용이 전제들 안에 내포되어 있다는 것을 의미한다. 반면에 개연성이 높은 귀납논증의 결론은 전제들에 없는 새로운 내용을 포함하고 있고 이 때문에 전제들이 참일지라도 결론이 거짓일 가능성이 존재하는 것이다. 결국 좋은 연역논증은 전제들의 참이 결론의 참을 보장해주지만 결론은 전제들이 주장하는 내용의 한계를 넘어설 수 없고, 좋은 귀납논증은 전제의 참이 결론의 참을 필연적으로 보장해주지는 못하지만 결론은 전제들이 제공하는 내용의 한계를 넘어설 수 있다고 할 수 있다. 한 예로 개연성이 높은 귀납논증인 3)에서 결론은 "(지금까지와 마찬가지로) 내일도 해는 동쪽에서 뜰 것이다"라는 전제에 없는 새로운 주장을 하고 있다.

18장. 연역논증과 귀납논증

　연역논증과 귀납논증 사이의 이러한 차이점 때문에 연역논증은 수학이나 물리학과 같은 순수학문에 유용하고 적절한 논증형태라 할 수 있고 귀납논증은 통계를 중시하는 사회과학이나 실험과 관찰을 중시하는 경험과학에 적절한 논증형태라 할 수 있다. 다음 장부터는 비록 전제들로부터 결론이 필연적으로 귀결된다는 것을 보여주지는 못하지만 결론이 전제들에서 찾을 수 없는 새로운 정보를 가질 수 있어 우리의 지식을 확장시킬 수 있는 귀납논증의 여러 형태에 대해 살펴보겠다.

19장. 귀납적 일반화논증

귀납적 일반화논증은 샘플(sample)에 의한 논증이나 열거(enumeration)에 의한 논증이라고도 불린다. 귀납적 일반화논증은 아래처럼 정의될 수 있다.

1. 귀납적 일반화논증은 한 집합의 관찰된 일부 사례를 이용해 그 집합 전체에 대한 판단을 내리는 논증이다 (한 집합의 관찰된 사례들에서 나타난 내용을 나타내는 명제들로 구성된 전제들과 관찰된 사례들에서 나타난 내용을 그 집합 전체에 적용한 내용을 나타내는 결론으로 구성된 논증이다).

귀납적 일반화논증은 여론조사에서 흔히 볼 수 있는 논증형태이다.
한 예로 어느 여론조사 기관 A에서 우리나라에 적합한 정치제도를 알아보기 위해 2,000명의 성인 국민을 대상으로 여론조사를 실시한 결과 이들 중 40%가 내각제를 선호한다는 결과가 나왔고 이 결과를 근거로 여론조사 기관 A는 전 국민의 40%가 내각제를 선호한다고 발표했다고 하자.

A기관의 발표는 아래처럼 논증으로 나타낼 수 있다.

1) 여론 조사한 2,000명의 성인국민 중 40%는 우리나라에 적합한 정치 제도로 내각제를 선호한다.

   전체 성인국민의 40%가 우리나라에 적합한 정치제도로 내각제를 선호한다.

앞의 논증은 전형적인 귀납적 일반화 논증의 사례이다. 성인국민이라는 집합 중 관찰된 일부(성인국민 20,000명)에 대한 사례를 성인국민이라는 전체 집합에 적용하고 있기 때문이다. 귀납적 일반화논증은 아래처럼 형식화될 수 있다.

2. ⟨귀납적 일반화논증의 기본형식⟩

   F의 관찰된 것들의 X%가 G이다.

   모든 F의 X%는 G이다.

앞의 논증에서 F는 '성인국민', G는 '내각제를 선호하는 것', X는 '40'에 해당한다.

귀납적 일반화논증은 보편적 일반화논증과 통계적 일반화논증으로 구별될 수 있다. 보편적 일반화논증이란 집합의 구성원소 모두가 일정한 속성이나 특징을 가진다고 주장하는 명제가 결론인 논증이고 통계적 일반화 논증은 집합의 구성원소 모두가 아닌 일부만이 일정한 성격이나 특징을 가진다고 주장하는 결론으로 구성된 논증이다.

보편적 일반화논증

보편적 일반화논증은 한 집합의 관찰된 모든 구성원이 일정한 속성이나 특징을 가지고 있다는 사실로부터 그 집합에 속하는 모든 구성원소가 그 속성이나 특징을 가지고 있다는 결론을 도출해내는 논증이다. 따라서 아래는 대표적인 보편적 일반화 논증의 사례라 할 수 있다.

2) 지금까지 관찰된 모든 까마귀는 검다.
 ─────────────────────────
   모든 까마귀는 검다.

앞의 논증 2)를 2에 제시된 귀납적 일반화논증의 기본형식에 적용하면 '까마귀'는 F, '검다'는 G에 해당한다. 반면에 관찰된 모든 까마귀가 검은색이므로 X는 100이어야 한다, 이 논증의 경우 미래에 검지 않은 까마귀가 새로 발견될 가능성이 있으므로 전제를 뒷받침하는 관찰사례가 아무리 많다 해도 결론이 거짓일 가능성이 반드시 존재한다. 이처럼 보편적 일반화논증에서 결론이 참이라는 것을 결정적으로 보증할 관찰 사례들의 수는 존재하지 않는다. 귀납적 일반화 논증의 이러한 특징이 관찰을 통해 이론이나 명제의 진·위를 검증할 수 있다는 논리실증주의의 검증이론이 한계를 드러낸 결정적 이유 중 하나라 할 수 있다. 보편적 일반화논증의 관찰사례가 아무리 많더라도 결론이 참이라는 것을 보증해줄 수 없다는 것을 보이는 대표적인 경우는 검은 백조의 사례이다.

오스트레일리아가 발견되기 전까지 유럽에 사는 사람들이 관찰할 수 있는 모든 백조는 흰색이었다. 따라서 유럽 사람들이 보편적 일반화에 의해 모든 백조가 흰색일 것이라 추론하는 것은 지극히 자연스럽고 합리적이라 할 수 있다. 그러나 오스트레일리아에서 검은 백조가 발견됨에 의해 '모든 백조는 희다'는 결론이 거

19장. 귀납적 일반화논증

짓임이 밝혀진다.

통계적 일반화 논증에도 적용되지만, 보편적 일반화논증에서 관찰된 사례들의 집합은 전체집합을 대표할 수 있는 집합이어야 한다. 하나의 예를 통해 이에 대해 살펴보겠다.

한 알코올 클리닉에 근무하는 의사 A씨는 자신이 치료하는 알코올 중독자 다섯 사람을 세밀히 상담하고 관찰한 결과 이들은 모두 난폭한 성격을 가진 것으로 판정하고 이를 토대로 모든 알코올 중독자들은 난폭한 성격의 소유자일 것이라고 추론했다고 하자. A씨의 추론은 아래처럼 나타낼 수 있는 보편적 일반화 논증이다.

3) (알코올 클리닉에서 치료를 받는) 5명의 알코올 중독자는 모두 난폭한 성격의 소유자이다.

모든 알코올 중독자는 성격이 난폭할 것이다.

앞의 논증은 보편적 일반화논증의 한 사례이다. 관찰된 알코올 중독자의 수(5)가 너무 적고 관찰의 대상이 전체 알코올 중독자들 중 극히 일부에 속하는 알코올 클리닉에서 치료받는 사람들에 국한되어 있으므로 관찰된 5명의 알코올 중독자가 전체 집합인 모든 알코올 중독자를 대표할 수 있는 집합이라 할 수 없다. 따라서 전제들의 참이 결론의 참을 개연적으로 충분히 지지한다고 할 수 없고 이 논증은 개연성이 높은 귀납논증이라 할 수 없다. 이처럼 관찰된 사례의 수가 충분하지 못한 등의 이유로 전체 집합을 대표하지 못해서 발생하는 좋지 못한 귀납논증을 성급한 일반화의 오류를 범한 논증이라 한다.

통계적 일반화논증

통계적 일반화논증이란 한 집합의 관찰된 구성원소 모두가 아닌 일부만이 일정한 속성이나 특징을 가지고 있다는 전제와, 그 집합의 구성원소 모두가 아닌 일부만이 그 속성이나 특징을 가지고 있다는 결론으로 구성된 논증이다. 따라서 귀납적 일반화논증의 기본형식에서의 X는 보편적 일반화 논증에서는 100인 반면 통계적 일반화 논증의 경우 X는 반드시 0에서 100 사이여야 한다. 통계적 일반화 논증은 선거결과를 예측하기 위한 여론조사나 일부를 검사하여 전체에 대한 평가를 하는 품질검사, 그리고 약품 등의 효과를 확인하기 위한 과학적인 연구 등에서 흔히 사용되는 효과적인 귀납논증 형태이다.

여론조사의 결과를 논증으로 나타낸 논증 1)은 전형적인 통계적 일반화논증이다. 1)은 2에 정리된 귀납적 일반화논증의 형식을 만족시키고 있지만 개연성이 낮은, 좋지 않은 귀납논증이다. 조사된 2000명의 성인국민의 40%가 내각제를 지지한다는 사실이 전체 성인국민의 정확하게 40%가 내각제를 선호한다는 것을 보증해주지는 못할 것이기 때문이다. 따라서 결론에서 편차를 부여한 1')은 1)보다 월등하게 좋은 논증이다.

1') 여론 조사한 2000명의 성인국민 중 40%는 우리나라의 적합한 정치제도로 내각제를 선호한다.
─────────────
성인국민의 35%에서 45%는 우리나라에 적합한 정치제도로 내각제를 선호한다.

이처럼 2에 정리된 귀납논증의 형식을 그대로 따르는 모든 통계적 일반화논증은 귀납적으로 좋지 않은 논증이다. 따라서 귀납적 일반화논증의 기본형식은 편차를 부여하는 3으로 수정되어야 한다.

3. 〈편차를 부여한 귀납적 일반화논증의 기본형식〉

F의 관찰된 것들의 X%가 G이다.
─────────────
모든 F의 X±Y%는 G이다.

3에 따르면 1')에서 Y에 해당하는 것은 5이다.

3)에서 보았듯이 귀납적 일반화논증이 좋은 논증이기 위해서는 한 집합에서 관찰된 구성 원소들의 집합이 전체집합을 대표할 수 있어야 한다. 관찰된 구성 원소들의 집합이 전체집합을 대표할 수 있기 위해서는 우선 관찰된 구성 원소들의 집합(sample)은 전체 집합을 대표할 수 있을 만큼 충분히 커야 한다. 관찰된 구성 원소들의 집합이 어느 정도의 크기여야 전체 집합을 대표할 수 있는가에 대한 정확한 기준은 존재할 수 없다. 원칙적으로 말해서 모든 귀납논증은 아무리 개연성이 높아도 결론이 거짓일 가능성이 있으므로 결론의 참을 확실하게 보증할 수 있는 관찰된 구성 원소들의 집합은 존재하지 않을 것이기 때문이다. 문제되는 속성이나 특징이 집합의 구성 원소 모두에 일률적으로 나타날 경우 소수의 관찰된 구성원소도 전체 집합을 대표하는 집합으로 간주될 수 있다. 한 예로 일정한 고

19장. 귀납적 일반화논증

도에서의 순수한 물의 비등점을 알기 위해서 많은 수의 실험을 할 필요는 없을 것이다. 따라서 결론의 개연적 참을 확보하기에 충분할 것으로 판단될 경우 그 관찰된 구성원소의 집합은 전체 집합을 대표하는 집합으로 간주될 수 있을 것이다.

관찰된 구성 원소들이 전체집합을 대표하기 위한 두 번째 조건은 관찰된 구성원소들의 집합이 전체 집합의 모든 구성 원소들이 가진 다양성을 최대한 반영할 수 있도록 다양해야하고 편향되지 않아야 한다는 것이다. 한 예로 한국의 성인남자들의 전원생활에 대한 선호도를 알아보기 위해 서울에 거주하는 성인남자들만을 대상으로 여론조사를 실시했다면 조사된 서울에 거주하는 성인남자들이 전체집합인 한국의 모든 성인남자들을 대표하는 것으로 평가될 수는 없을 것이다. 도시에 사는 사람과 시골에 사는 사람들 사이에 전원생활에 대한 선호도의 차이가 있을 것이고 이 여론조사는 도시에 살고 있는 서울 사람들만을 대상으로 실시되었기 때문이다.

수년 전에 춘천의 모 신문사에서 춘천 명동 거리에 포스트잇(post-it)을 설치하고 테마파크인 레고랜드가 춘천의 중도에 건립되는 것에 대한 춘천시민들의 의견을 알아본 적이 있었다. 정확한 숫자는 기억나지 않지만 반대의견이 압도적으로 많았던 것으로 기억한다. 이 결과를 토대로 이 신문사에서는 춘천시민의 대다수가 레고랜드에 반대한다고 발표했다. 의견을 개진한 사람의 수가 30이고 이 중 70%인 21명이 반대의사를 나타냈다고 가정하면 레고랜드에 대한 이 여론조사는 아래의 통계적 일반화논증으로 나타낼 수 있다.

의견을 개진한 30명 중 70%가 레고랜드 건립에 반대한다.

춘천시민의 대략 70%는 레고랜드 건립에 반대한다.

이 논증은 매우 좋지 않은 귀납논증이다. 관찰된 구성원 수가 충분하지 못하고 관찰된 구성원소들의 집합이 편향되었기 때문이다. 우선 춘천시민의 수가 30만에 육박하므로 관찰된 구성원소의 수가 충분하지 못하다. 또한 춘천 명동은 춘천 관광의 명소로서 외지인과 젊은이들이 주로 찾는 거리이므로 이곳에서 의견을 개진한 사람들은 주로 젊은이들과 외지인들일 것이다. 따라서 포스트잇에 의견을 개진한 사람들의 집합은 전체 춘천시민들의 의견을 반영하지 못하는 편향된 집합이다.

앞에서의 논의를 정리하면 귀납적 일반화논증이 개연성이 높은 좋은 논증으로 평가되기 위해서는 아래의 세 가지가 지켜져야 한다.

논리와 비판적 사고

① 통계적 일반화논증의 결론에서 편차를 부여해야 한다.
② 관찰된 구성원소의 집합이 충분히 커야 한다.
③ 전체 집합의 구성 원소들의 다양성이 반영될 수 있도록 관찰된 구성원소들의 집합(sample)이 다양하고 편향되지 않아야 한다.

귀납적 일반화논증과 밀접하게 관련되어 있지만 귀납적 일반화 논증이라 할 수 없는 흔히 볼 수 있는 귀납논증 형태가 있다.

지금까지 관찰된 모든 까마귀는 검다.
──────────────────────────────
내일 발견될 새로운 까마귀도 검을 것이다.

논증의 결론은 내일 발견될 까마귀에 대한 명제이므로 보편명제가 아니고 따라서 이 논증은 귀납적 일반화논증이라 할 수 없다. 그러나 귀납적 일반화논증과 밀접히 관련되어 있다. 논증 2)에서 보듯이 귀납적 일반화논증의 한 형태인 보편적 일반화논증을 적용하면 전제로부터 '모든 까마귀는 검다'가 도출될 것이고 이로부터 '내일 발견될 까마귀도 검을 것이다'라는 명제가 연역적으로 도출되기 때문이다. 이처럼 이 논증은 귀납적 일반화 논증인 2)와 밀접하게 관련되어 있지만 2)보다 개연성이 높은 논증이라 할 수 있다. 2)의 결론이 참이기 위해서는 모든 까마귀가 '검다'라는 속성을 보유해야 하는 반면 앞의 논증의 결론은 내일 발견될 소수의 까마귀들이 검으면 참일 것이기 때문이다.

19장. 귀납적 일반화논증

연습문제

1. 아래의 내용을 논증으로 나타내고 좋은 논증인지 여부를 밝혀라.

　　마약의 중독성에 관한 연구 활동을 하는 한 연구자가 1,000명의 헤로인(heroin) 사용자를 조사해보니 이 중 70%가 헤로인을 사용하기 전에 마리화나를 사용했다는 것이 밝혀졌다. 이 결과를 토대로 그는 마리화나 사용자중 약 70%가 후에 헤로인을 사용하게 된다고 결론지었다.

2. 통계적 일반화논증과 보편적 일반화논증 사이의 차이점에 대해 논하라.

3. 통계적 일반화논증을 평가할 경우 유의해야 할 점은 무엇인가?

4. 성급한 일반화의 오류를 저지른 예를 제시하라

에듀컨텐츠·휴피아
Educontents·Huepia

20장. 유비논증

　유비논증(Argument by Analogy)이란 한 유형에 속하는 대상들과 다른 유형들에 속하는 대상들이 가진 속성들 사이에 관찰된 유사성에 근거해 결론을 도출하는 논증이다. 구체적으로 유비논증은 아래처럼 설명될 수 있다.

1. 유비논증은 한 유형 X에 속하는 대상들과 다른 유형 Y에 속하는 대상들의 속성(특성)들 사이에 성립하는 유사성과, Y에 속하는 대상들이 새로운 속성(특성) Z를 소유하고 있다는 사실로부터 X에 속하는 대상들도 그 속성(특성) Z를 가질 것이란 결론을 도출하는 논증의 형태이다. (여기서 유형 X와 비교되는 유형 Y는 하나가 아닌 다수일 수 있다.)

　1에 따라 유비논증은 아래처럼 형식화될 수 있다.

2. 〈유비논증의 기본형식〉

　　유형 X의 대상들은 F, G, H 등의 속성을 가지고 있다.
　　유형 Y의 대상들은 F, G, H 등의 속성을 가지고 있다.
　　유형 Y의 대상들은 F, G, H 등외에 Z라는 속성을 가지고 있다.
　　―――――――――――――――――――――――――――――
　　유형 X의 대상들은 Z라는 속성을 가진다.

　(x에 비교되는 유형이 하나 이상일 경우 유비논증의 기본형식은 아래처럼 바꾸어야 한다.)

　　유형 X에 속하는 대상들은 F, G, H 등의 속성을 가지고 있다.
　　유형 Y1에 속하는 대상들은 F, G, H 등의 속성을 가지고 있고 이외에 Z라는 속성을 가지고 있다.
　　―――――――――――――――――――――――――――――
　　유형 Y2에 속하는 대상들은 F, G, H 등의 속성을 가지고 있고 이외에 Z라는 속성을 가지고 있다.

논리와 비판적 사고

유형 X의 대상들은 Z라는 속성을 가진다.

유비논증은 잠재적 위험성 때문에 인간에 대한 생체실험 전에 새로 개발된 약품의 효과를 알아보기 위해 시행되는 동물을 상대로 하는 실험이나 새로 개발된 상품의 구입결정 등 다양한 경우에 사용되는 귀납논증이다.

한 대학병원에서 순환기계통의 연구를 담당하는 의사 K는 혈압약과 신장의 기능 사이의 관계를 알아보기 위해 한 실험을 실시했다. 이 실험에서 20마리의 쥐들에게 지속적으로 혈압약을 투여한 결과 이들 모두에게서 신장의 기능이 현저하게 약화되었다. 이 결과를 토대로 K는 인간의 경우에도 혈압약을 지속적으로 복용하면 신장의 기능이 약화될 것이라고 결론지었다.

쥐를 대상으로 한 실험으로부터 결론을 도출한 K의 추론은 아래처럼 논증으로 나타낼 수 있다.

1) 지속적으로 혈압약을 투여받은 20마리의 쥐들 모두에게서 신장기능이 약화되었다.

   인간도 지속적으로 혈압약을 복용하면 신장기능이 약화될 것이다.

유비논증의 기본형식을 만족하지 못하는 것으로 보일지 모르지만 1)은 유비논증이 사용된 전형적인 예이다. 이 논증에서 비교 대상인 두 유형 X와 Y는 각기 인간과 쥐이고, 인간과 쥐 사이의 유사성이 구체적으로 언급되지는 않았지만 '포유류이다'나 '생리구조가 흡사하다' 등이 두 유형에 속하는 대상들이 공유하는 속성인 F, G, H에 해당할 것이다. 또한 Z에 해당하는 것은 '지속적으로 혈압약을 투여하면 신장기능이 약화된다.'이다. 이렇게 볼 때 A)는 흔히 볼 수 있는 유비논증의 사례라 할 수 있다.

좋은 유비논증이기 위한 조건

좋은 유비논증으로 평가되기 위해 가장 먼저 고려되어야 할 사항은 전제에서 고려되는 X유형의 대상들과 Y유형들의 대상들 사이의 속성들(F, G, H 등)의 유사성이 결론에서 거론되는 속성인 Z와 밀접한 관계를 가지고 있어야 한다는 것이다. 신장 기능은 포유류가 보이는 생리현상 중 하나이므로 '생리구조의 유사성'

20장. 유비논증

등은 신장 기능의 상태와 밀접한 관계를 가지고 있다고 할 수 있다. 따라서 논증 1)은 비교적 이 사항을 만족시키는 유비논증이라 할 수 있다.

밀(John S. Mill)에 따르면 전제에서의 속성들의 유사성이 결론에서 거론되는 속성과 밀접한 관련을 가지고 있어야 한다는 사항을 만족시키지 못하는 논증은 '거짓 유비의 오류(Fallacy of False Analogy)'를 범한 논증이다. 밀은 거짓 유비의 오류를 범한 유비논증의 대표적인 예로 아래와 유사한 논증을 들고 있다.

갑돌이는 갑순이의 오빠인데 갑돌이는 게으르다.

갑순이도 게으를 것이다.

유비논증의 전형적인 예라 할 수 있다. 유비논증의 기본형식인 2에 따르면 '갑순이'는 X, '길동이'는 Y에 해당하고, 길동이와 길순이 사이의 유사성을 나타내는 F, G, H 등에는 "오누이 사이다", "부모가 같다"와 같은 길동이와 길순이가 공유하는 속성들이 해당하고 Z에는 "게으르다"가 해당한다. 앞의 논증은 전형적인 유비논증이지만 좋은 논증이라 할 수 없다. 길순이와 길동이가 공유하는 오누이간이라는 속성이 게으름이라는 속성과 밀접한 관계를 가지고 있는 것으로 볼 수 없기 때문이다. 한 부모의 자식들 중 게으른 자식과 그렇지 않은 자식이 있는 것은 매우 흔히 볼 수 있는 현상이다.

귀납적 일반화 논증에서와 마찬가지로, 논증 1)에서 관찰된 쥐의 수가 많을수록 전제가 참일 경우 결론이 참일 개연성이 높아질 것이다. 또한 실험 대상의 유형을 쥐에 국한하지 않고 침팬지나 돼지처럼 결론에서 문제 되는 속성과 밀접한 관련이 있을 것으로 보이는 다양한 유형으로 확장했을 경우 결론이 참일 가능성이 높아질 것이다. 따라서 2)와 3)은 1)보다 좋은 유비논증이라 할 수 있다.

2) 지속적으로 혈압약을 투여받은 50마리의 쥐들 모두에게서 신장기능이 약화되었다.

인간도 지속적으로 혈압약을 복용하면 신장기능이 약화될 것이다

3) 지속적으로 혈압약을 투여받은 50마리의 쥐들 모두에게서 신장기능이 약화되었다.
동일한 실험이 행해진 원숭이와 돼지 모두에게서도 신장기능이 약화되었다.

인간도 지속적으로 혈압약을 복용하면 신장기능이 약화될 것이다.

2)와 3)은 1)보다 좋은 유비논증이다. 또한 3)은 2)보다 좋은 유비논증이라 할 수 있다. 3)에서는 생리 구조적 측면에서 볼 때 쥐보다 더욱 밀접한 관계를 가지고 있는 것으로 보이는 유인원인 원숭이와 돼지들이 실험대상으로 사용되었기 때문이다.

4) 지속적으로 혈압약을 투여받은 20마리의 침팬지들 모두에게서 신장기능이 약화되었다.

인간도 지속적으로 혈압약을 복용하면 신장기능이 약화될 것이다.

누구나 동의하겠지만 4)는 1)보다 우수한 유비논증이다. 논증 4)에서 관찰된 대상의 수가 1)에서와 동일하고 유비의 대상의 유형이 확장되지도 않았다. 4)와 1)의 차이점은 실험의 대상이 쥐에서 침팬지로 바뀌었다는 것이고 이 차이점이 4)를 1)보다 우수한 유비논증으로 평가하게 하는 이유이다. 생리구조상 침팬지는 인간과 가장 유사한 포유동물이라 할 수 있고 신장기능을 포함하여 모든 생리기능이 다른 어떤 동물들보다 인간에 유사하다 할 수 있다. 결국 4)가 1)보다 좋은 유비논증인 이유는 신장 기능과 관련된 침팬지와 인간사이의 유사성(같은 유인원임, 두발로 걸을 수 있음 등)이 쥐와 인간사이의 유사성보다 크고 침팬지와 인간 사이의 비유사성이 쥐와 인간 사이의 비유사성(신체의 크기, 설치류 등)보다 작기 때문이라 할 수 있다.

앞에서의 논의를 정리하면 좋은 유비논증이기 위해 고려해야 할 사항은 아래처럼 정리될 수 있을 것이다.

3. 〈유비논증에서 고려해야 할 주요 사항〉
    ① 좋은 유비논증이기 위해서는 전제에서 언급되는 유사성이 결론에서 문제되고 있는 속성과 밀접한 관계를 가지고 있어야 한다.
    ② 개연성이 높은 유비논증이기 위해서는 관찰된 대상의 수가 충분히 많아야 한다.
    ③ X 유형의 대상들과 유사성을 가진 유형이 다양할수록 개연성이 높은 유비논증이 될 수 있다.
    ④ X 유형의 대상들과 유비관계에 있는 유형들의 대상들 사이에 유사성이 크고 비유사성이 작은 논증이 좋은 유비논증이라 할 수 있다.

20장. 유비논증

유비논증의 일반적 특징

　유비논증은 가장 흔히 사용되는 귀납논증의 대표적인 형식 중 하나이다. 또한 유비논증은 전제들에 제시되지 않은 새로운 정보를 얻을 수 있다는 귀납논증의 특징을 잘 보여주고 있다. 그러나 유비논증을 평가하기 위해서는 다른 유형들에 속하는 대상들 사이에 성립하는 유사성과 이 유사성이 결론에서 거론되고 있는 속성과 밀접한 관계를 가지고 있는가를 평가할 수 있는 능력이나 지식을 가지고 있어야 한다. 이러한 배경지식이나 능력이 전제되지 않았을 경우 유비논증에 대한 효율적인 평가는 불가능하다고 할 수 있다.
　유비논증과 관련해서 고려해야 할 사항을 한 가지만 더 첨부하겠다. 유비논증의 경우 주어지는 메시지는 강력하지만 좋은 논증으로 평가될 수 없는 사례를 흔히 찾아볼 수 있다는 것이다.

에스키모인들에겐 전통적으로
내려오는 사냥법이 있습니다.
──────
얼음바닥에 가축의 피를 적신
날카로운 칼을 꽂아놓으면
──────
냄새를 맡은 늑대가 다가와
그 칼을 핥기 시작합니다.
──────
칼날 위에 얼어붙어 있던 피를 모두
핥아내고, 결국 날카로운 칼날을
핥게 됩니다. 칼날에 혀가
베입니다.
──────
그러나 피 맛에 취한 늑대는
그 피가 자신의 피인 줄 모르고
계속 핥고 또 핥아 댑니다.
──────
자꾸만 어지러워지는데도 계속
──────
그렇게 자신의 피를 다 흘리며
서서히 죽어갑니다.

논리와 비판적 사고·

(무분별하게 신용카드를 사용하는)
요즘 우리들 처럼

    앞에 제시된 것은 박철권의 '달그락'이란 연재만화에 소개된 에피소드의 하나이다. 이 에피소드에서는 유비논증이 사용되고 있다. 유비 대상인 두 유형은 가축의 피를 적신 칼을 핥는 늑대들과 무분별하게 신용카드를 사용하는 일부의 요즘 젊은이들이고, 결론에서 문제되는 속성인 Z는 '자신을 망침(늑대-사망, 요즘 젊은이-패가망신)'이라 할 수 있다. 따라서 이 에피소드는 아래처럼 유비논증으로 나타낼 수 있다.

    피 맛에 취해 가축의 피를 적신 칼날을 핥는 늑대는 자신의 피인 줄 모르고 계속 핥다가 결국은 사망하게 된다.
    일부의 요즘 젊은이들은 무분별하게 신용카드를 사용한다.

    일부의 요즘 젊은이들은 자신을 망친다.

    앞의 논증에서 볼 수 있듯이 일종의 유비논증이 사용된 앞의 에피소드는 무분별한 카드사용은 자신을 망치는 결과를 초래할 것이라는 강력한 메시지를 담고 있다. 그러나 이 에피소드에 사용된 유비논증이 좋은 유비논증으로 평가될 수는 없을 것 같다. 두 유형의 대상들이 일종의 쾌락적인 요소에(피 맛과 돈 쓰는 맛) 탐닉하고 있다는 유사성을 가지고 있지만, 이들은 결정적인 비 유사성을 가지고 있다. 인간은 합리적 사고를 할 수 있다는 차이점 외에도 늑대는 칼을 핥는 행위를 계속함에 의해 자신이 죽을 것을 모르고 있는 반면 인간인 요즘 젊은이들은 지금처럼 신용카드를 무분별하게 사용하면 결국엔 빈털터리가 될 것이라는 사실을 인지하고 있을 것이기 때문이다.

20장. 유비논증

연습문제

1. 길동이의 생각을 유비논증으로 나타내고 좋은 논증인지 여부를 판단하라.

   길동이는 A 자동차 회사에서 생산된 차를 5년째 타고 있는데 자신의 용차가 성능이 매우 우수하다고 판단하고 다음번 차도 A 회사에서 생산된 차를 사기로 결정했다.

2. 1의 유비논증을 보다 좋은 논증으로 만들기 위한 방법들을 열거하고 이 방법들을 사용하여 유비논증을 구성하라.

3. 아래의 만화에 서술된 내용을 유비논증으로 구성하고 좋은 논증인지 여부를 평가하라.

에듀컨텐츠·휴피아
Educontents·Huepia

21장. 통계삼단논증(Statistical Syllogism)

통계삼단논증은 연역삼단논증처럼 2개의 전제와 결론으로 구성된 논증이다. 귀납적 일반화논증이 전체집합의 일부에 대한 통계적 정보를 서술하는 전제로부터 전체집합에 대한 결론을 도출하는 논증인 데 반해 통계삼단논증은 이와 반대로 전체집합에 대한 통계적 정보를 서술하는 전제로부터 그 전체집합의 일부나 하나의 원소에 대한 결론을 도출하는 논증이다. 아래의 논증은 대표적인 통계삼단논증의 한 예라 할 수 있다.

1) 대학교 1학년생의 93%는 고등학교에서 철학을 배우지 않았다.
　　길동이는 대학교 1학년생이다.
　　――――――――――――――――――――――――――
　　길동이는 고등학교에서 철학을 배우지 않았다.

1)과 같은 통계 3단 논증의 기본적 형식은 아래처럼 정리될 수 있다.

1. 〈통계삼단논증의 기본형식〉

　　F의 X%는 G이다.
　　a는 F이다(F의 원소거나 일부이다).
　　――――――――――――――――――
　　a는 G이다.

논증 1)에서 '대학교 1학년생'은 F에, '93'은 X에, '고등학교에서 철학을 배우지 않음'은 G에, '길동이'는 a에 해당한다. 대학교 1학년생의 93%가 고등학교에서 철학을 배우지 않았고 길동이도 대학교 1학년생이므로 길동이가 고등학교 때 철학을 배우지 않았을 가능성(약 93%)이 매우 높다고 할 수 있다. 따라서 1)은 개연성이 높은 통계삼단논증이라 할 수 있다.

1)의 첫 번째 전제에서 '93'을 '20'으로 교체한 논증을 1')이라 하면 대학교 1학년생 중 고등학교에서 철학을 배우지 않은 학생이 20%에 불과하므로 1')은 개연성이 낮은 논증이다. 이처럼 통계삼단논증은 X가 100에 가까울수록 개연성이 높은, 좋은 통계삼단논증이라 할 수 있다.

📚 논리와 비판적 사고·

통계삼단논증에서 고려해야 할 사항

앞에서 언급했듯이, 전체집합에서 결론에서 거론되는 속성을 가진 구성원소의 비율이 100에 가까운 확률을 가질수록 그 논증은 개연성이 높은, 좋은 통계삼단논증이다. 따라서 좋은 통계삼단논증인가를 판단하기 위해 우선적으로 고려해야 할 사항은 X가 얼마나 100에 가까운가의 여부라 할 수 있다. 그러나 통계삼단논증에 대한 평가에 있어 이에 못지않게 중요하게 고려돼야 할 사항은 전제들에 나타난 관련된 증거들을 모두 고려해야 한다는 것이다.

2) 92%의 신경외과 의사들은 남성이다.
　　김영숙은 신경외과 의사이다.
　　──────────────
　　김영숙은 남성이다.

2)는 개연성이 높은 통계삼단논증의 특징을 가지고 있다. 신경외과의사(F)들의 92%가 남성(G)이고 김영숙은 F를 구성하는 원소의 하나인데 신경외과의사들의 대다수(92%)가 남성이기 때문이다. 그러나 2)는 개연성이 높은 귀납논증으로 평가될 수 없다. 두 번째 전제인 '김영숙'이란 표현이 함축하고 있는 증거가 고려되지 않았기 때문이다. '김영숙'은 거의 모든 경우에서 여성을 지칭한다. 따라서 전제에서 '김영숙'이라는 이름이 사용됐다는 사실로부터 아래의 논증을 구성하는 것은 지극히 합리적이라 할 수 있다.

　　'김영숙'이라는 이름을 사용하는 사람들의 95%이상이 여성이다.
　　한 사람이 '김영숙'이라는 이름을 사용하고 있다.
　　──────────────
　　그 사람은 여성일 것이다.

'김영숙'이라는 이름을 사용하는 사람의 95% 이상이 여성이므로 이 논증은 2)보다 개연성이 높은 논증이라 할 수 있고 이 논증의 전제들은 실제로 참이라 할 수 있다. 2)의 두 번째 전제에서의 '김영숙'이라는 용어는 앞의 논증으로 나타낼 수 있는 증거를 함축하고 있으므로 2)는 개연성이 높은 통계삼단논증이라 할 수 없다. 이처럼 전제들에 나타난 관련된 증거들을 모두 고려하지 않아 발생하는 오류를 **불완전한 증거에 의한 오류**(Fallacy of Incomplete Evidence)라 한다.

21장. 통계삼단논증(Statistical Syllogism)

모든 사람은 죽는다.
소크라테스는 사람이다.
─────────────────
소크라테스는 죽는다.

앞의 논증은 대표적으로 자주 인용되는 타당한 연역삼단논증이다. '모든'을 확률로 나타내면 '100%'일 것이므로 '모든'을 '100%'로 바꾸면 앞의 논증은 아래의 형식을 가진 것으로 나타낼 수 있다.

F의 100%는 G이다.
a는 F이다.
─────────────────
a는 G이다.

통계삼단논증의 경우에는 X가 100일 수 없다는 것을 제외하면 타당한 연역삼단논증의 형식인 앞의 형식은 통계삼단논증의 기본형식인 1을 따르고 있다. 이러한 이유로 X가 100에 근접하고 타당한 연역논증의 형식을 따른 귀납논증을 개연성이 높은 귀납논증으로 취급할 수 있다. 한 예로 타당한 연역삼단 논증의 형식을 따른 아래의 논증은 개연성이 높은 논증이다.

치과의사들(F)의 대부분은 부자(G)이다.
길동이(a)는 치과의사(F)이다.
─────────────────
길동이(a)는 부자(G)이다.

그러나 타당한 연역논증의 형식을 따른 귀납논증은 개연성이 높은 논증일 것이라 예단은 일반화되어서는 안 된다. 타당한 연역논증의 형식을 따른 귀납논증 중 개연성이 높지 않은 경우를 흔히 볼 수 있기 때문이다.

3) 모든 A는 B이다.
   모든 B는 C이다.
   ─────────────────
   모든 A는 C이다.

논리와 비판적 사고·

4) 대부분의 A는 B이다.
 대부분의 B는 C이다.
 ─────────────────
 대부분의 A는 C이다.

5) 대부분의 철학교수(A)는 남자(B)이다.
 대부분의 남자(B)는 교수가 아니다(C).
 ──────────────────────────────
 대부분의 철학교수(A)는 교수가 아니다(C).

3)은 대표적인 타당한 연역논증 형식 중 하나이고 4)는 3)의 형식을 따른 귀납논증 형식이다.
 또한 5)는 4)의 형식을 적용한 한 예이다. 그러나 타당한 연역논증의 형식을 따른 귀납논증의 결론은 논리적 모순이다.

21장. 통계삼단논증(Statistical Syllogism)

▲ 연습문제

1. 불완전한 증거에 의한 오류가 무엇인지 설명하라.

2. 아래의 만화에서 달그락의 판단을 귀납논증으로 구성하고 개연성이 높은 논증인지 여부를 판단하라.

에듀컨텐츠·휴피아
Educontents Huepia

22장. 통계삼단논증의 여러 유형

이 장에서는 통계삼단논증으로 분류될 수 있는 여러 형태의 논증에 대해 살펴보겠다.

권위에 의한 논증

권위에 의한 논증은 결론을 주장하는 사람이나 기관의 권위에 의거하는 논증이다. 한 예로 아래의 논증 1)은 권위에 의한 논증의 전형적인 예라 할 수 있다.

1) 저명한 논리학자인 K는 논리학에서 연역논증을 평가하는 기본적인 개념은 '타당성'이라고 주장한다.

　논리학에서 연역논증을 평가하는 기본적인 개념은 '타당성'이다.

이 논증은 하나의 전제와 결론으로 구성된 이단논증이다. 따라서 피상적으로는 통계삼단논증의 일종으로 취급되기 힘들 것으로 보인다. 그러나 이 논증은 아래처럼 재구성될 수 있으므로 일종의 삼단논증으로 취급될 수 있다.

　K는 논리학 분야의 권위자이다.
　K는 논리학에서 연역논증을 평가하는 기본적인 개념은 '타당성'이라고 주장한다.

　논리학에서 연역논증을 평가하는 기본적인 개념은 '타당성'이다.

첫 번째 전제에 따르면 K는 논리학 분야의 권위자이다. 또한 K는 자신의 전문 분야인 논리학 분야에 관한 일정한 주장을 하고 있다. K가 고의적으로 거짓말을 하고 있지 않는 한 K가 자신이 권위를 가지고 있는 전문분야에 관해 주장한 명제는 대체로 올바른 참의 명제라 할 수 있을 것이다. 따라서 이 논증은 비교적 개연성이 높은 논증이라 할 수 있다. 권위에 의한 논증은 아래처럼 정리될 수 있다.

논리와 비판적 사고·

1. 〈권위에 의한 논증의 기본형식〉

   주제 P에 대해 권위자인 a가 한 주장의 대부분은 옳다.
   a는 주제 P에 대해 S라고 주장한다.
   ─────────────────────────────
   S는 옳다.

아래의 논증 2)는 1)과 유사한 형식의 논증으로 권위에 의한 논증으로 취급될 수 있다.

2) 저명한 논리학자인 K는 사랑은 눈물의 씨앗이라고 주장한다.
   ─────────────────────────────
   사랑은 눈물의 씨앗이다.

2)는 아래처럼 재구성될 수 있으므로 통계삼단논증의 일종이라 할 수 있다.

   K는 논리학 분야의 권위자이다.
   K는 '사랑은 눈물의 씨앗'이라고 주장한다.
   ─────────────────────────────
   사랑은 눈물의 씨앗이다.

이 논증은 개연성이 높은 논증인 1)과 유사한 형식을 가진 권위에 의한 논증으로 간주될 수 있지만 1)과 달리 개연성이 높은 논증이라 할 수 없다. K는 논리학 분야에 전문가일 뿐 사랑과 관련된 분야에는 문외한일 수 있을 것이기 때문이다. 따라서 권위에 의한 논증이 좋은 통계삼단논증이기 위해 고려해야 할 첫 번째 사항은 권위자가 주장하는 내용이 자신이 권위를 가지고 있는 분야에 국한되어야 한다는 것이다.

권위에 의한 논증에서 고려되어야 할 두 번째 사항은 권위자가 주장하는 내용에 대해 전문가들 사이에 의견의 일치가 있어야 한다는 것이다.

3) 저명한 진화론자인 A는 "새는 공룡으로부터 진화했다."고 주장한다.
   ─────────────────────────────
   새는 공룡으로부터 진화했다.

22장. 통계삼단논증의 여러 유형

3)은 아래처럼 재구성될 수 있다.

A는 진화론 분야의 권위자이다.
A는 새의 진화와 관련해 '새는 공룡으로부터 진화했다.'고 주장한다.
─────────────────────────────────
새는 공룡으로부터 진화했다.

이 논증은 1)처럼 전형적인 권위에 의한 논증의 형식을 갖추고 있다. 또한 이 논증에서 진화론 분야에 권위자인 A는 자신의 전문분야인 새의 진화에 대해 일정한 주장을 하고 있다. 따라서 가시적으로 볼 때 3)은 개연성이 높은 권위에 의한 논증으로 보인다. 그러나 3)은 개연성이 높은 논증이라 할 수 없다. 많은 과학자들이 "새의 공룡진화설"을 주장하고 있지만 이보다 적지 않은 과학자들은 공룡이 생존했던 당시에도 조류가 존재했다는 고고학적 증거 등에 의거해서 새가 공룡으로부터 진화했다는 주장을 부정하고 있기 때문이다.

앞에서의 논의를 고려하면 권위에 의한 논증이 좋은 논증이기 위해서는 최소한 아래의 두 가지 사항이 고려되어야 한다.

① 권위자가 주장하는 내용이 자신이 권위를 가진 분야에 관한 내용이어야 한다.
② 문제가 되는 주장에 대해 해당분야의 권위자들 사이에 동의가 있어야 한다.

사람에 반대하는 논증
(Argument against the Person (Argument AD Hominem))

권위에 의한 논증이 일정한 주장을 하는 사람의 권위에 의거하는 논증이라면 사람에 반대하는 논증은 한 주제에 대해 일정한 주장을 하는 사람의 신뢰성이 결여되어 있다는 사실에 의존해서 판단을 내리는 논증이라 할 수 있다. 아래의 논증 4)는 사람에 반대하는 논증의 대표적인 예라 할 수 있다.

4) 정신병원에 수감되어있는 정신병환자인 B는 "내년 말에 전 인류는 종말을 맞을 것이다."라고 주장한다.
─────────────────────────────────
내년 말에 전 인류가 종말하지는 않을 것이다.

4)는 아래처럼 재구성될 수 있다.

B는 그의 말을 신뢰할 수 없는 정신병자이다.
B는 '내년 말에 전 인류가 종말을 맞을 것이다.'라고 주장한다.
─────────────────────────────────
내년 말에 전 인류가 종말을 맞지는 않을 것이다

정신병자인 B가 인류의 미래에 관해 일정한 주장을 하고 있고 B는 인류의 미래와 관련해 신뢰할 만한 판단을 할 수 없을 것으로 보이는 정신병자이므로 B의 주장은 거짓일 가능성이 높다고 할 수 있다. 따라서 4)는 개연성이 높은 통계삼단논증이라 할 수 있다. 사람에 반대하는 논증은 아래처럼 정리될 수 있다.

2. 〈사람에 반대하는 논증의 기본형식〉

주제 P에 대해 a가 한 말의 대부분은 옳지 않다.
a는 주제 P에 대해 S라고 말했다.
─────────────────────────────────
S가 아니다.

사람에 반대하는 논증은 (모습, 학벌, 지위, 혈통 등에 대한) 개인적인 편견이나 종교적인 선입견 등이 작용하여 오류를 범하기 쉬운 논증이다.

5) 대도로 유명한 S는 절도혐의로 자신이 수감되어 있는 청송교도소 내의 감방의 청결상태가 매우 열악하다고 주장했고 이 말을 전해들은 청송교도소장은 S는 흉악한 절도범이므로 그의 말은 신뢰할 수 없다며 S의 말과 달리 청송교도소의 감방의 청결상태는 열악하지 않다고 주장했다.

5)가 실제로 벌어진 사건이라 가정하면 청송교도소의 감방의 청결상태가 열악하지 않다는 청송교도소장의 주장은 아래와 같은 사람에 반대하는 논증으로 나타낼 수 있다.

흉악한 절도범인 S의 말은 신뢰할 수 없다.
S는 청송교도소의 감방의 청결상태가 열악하다고 주장한다.
─────────────────────────────────
청송교도소의 감방의 청결사태는 열악하지 않다.

22장. 통계삼단논증의 여러 유형

앞의 논증은 개연성이 높은 논증이라고 할 수 없을 것으로 보인다. 자신이 수감되어 있는 감방의 청결상태에 대해 잘 알고 있는 사람은 S 자신일 것이므로 감방의 청결상태와 관련해서 S는 권위자로 간주될 수 있을 것이고 감방의 청결상태가 열악하지 않을 것이라는 교도소장의 주장은 절도범과 같은 범법자들에 대한 교도소장의 선입견이나 편견에 근거해 이루어진 것이기 때문이다.

앞의 예에서 보았듯이 사람에 반대하는 논증의 경우에 일정한 주장을 하는 사람에 대한 선입견이나 편견이 합리적인 판단에 개입하지 않도록 유의해야한다.

대다수의 동의에 의한 논증

대다수의 동의에 의한 논증은 일정한 주장에 대해 대다수의 사람들이 동의한다는 이유로 그 주장이 옳다고 하는 논증이다. 아래의 6)은 대다수의 동의에 의한 논증이 사용된 대표적인 사례라 할 수 있다.

6) 우리나라 국민을 대상으로 여론조사를 해보니 이들의 대다수는 우리나라에 가장 적합한 정치제도로 내각제를 꼽았다.
───────────────────────────
우리나라에 가장 적합한 정치제도는 내각제이다.

6)은 개연성이 높은 논증이라 할 수 없을 것이다. 일반국민들의 선호도는 객관적이고 합리적인 요소만이 아니라 감성적인 요소에 크게 영양을 받으므로, 한 정치제도에 대한 일반국민들의 선호도가 그 정치제도가 우리나라에 가장 적합한 정치제도라는 것을 정당화해주지는 못할 것이기 때문이다. 6)에서 결론의 도출을 위해서는 '대다수가 동의한 것은 옳다'는 믿음이 요구된다. 따라서 대다수의 동의에 의한 논증은 아래의 형식을 가진 것으로 정리될 수 있다.

3. 〈대다수의 동의에 의한 논증의 기본형식〉
   주제 P에 대한 주장 S에 대해 대다수가 동의하면, S는 옳다(참이다).
   주제 P에 대한 주장 S에 대해 대다수가 동의한다.
   ───────────────────────────
   S는 옳다(참이다).

논리와 비판적 사고·

　3에서 두 번째 전제로부터 결론을 도출하기 위해서는 첫 번째 전제가 필수적으로 요구된다. 그러나 첫 번째 전제는 그 자체로 정당화될 수는 없을 것으로 보인다. 대중의 여론은 개인적인 인연이나 느낌과 같은 감성적인 요소에 크게 영향을 받을 것이고, 선동이나 부화뇌동의 대상이 되기 쉽기 때문이다. 이러한 이유로 객관적인 증거나 합리적인 근거에 의존하지 않는 '대다수의 동의에 의한 논증'은 대체로 좋은 논증으로 평가받기 어렵다고 할 수 있다.

22장. 통계삼단논증의 여러 유형

연습문제

1. 아래는 실제로 발생했던 사건을 각색한 것이다. 어떤 논증들이 사용되었는가를 밝히고 누구의 주장이 믿을만한지를 논리적으로 설명하라.

  한 도의 도지사를 역임하고 국회위원 선거를 준비 중인 유명정치인인 Y의 저택에 고급저택만을 선택하여 절도행각을 하는 것으로 유명한 K가 잠입하는 사건이 발생했다. 얼마 후 K가 검거되었고 K는 "Y의 집에서 15만 달러를 훔쳤다."고 진술했다. K의 진술에 반해 Y의 변호인은 "K는 범법행위를 일삼는 절도범이므로 그의 말은 신뢰할 수 없고 그 당시 Y의 집에는 15만 달러가 없었다."고 주장했다.

2. 아래에서 논증을 찾아내고 어떤 논증이 사용되었는지 여부와 좋은 논증인가를 밝혀라.

  호사가인 A는 학문적으로 가장 위대한 천체물리학자가 누구인지를 알아보기 위해 여론조사를 실시했다. 여론조사 결과 대다수의 사람이 스티븐 호킹을 가장 위대한 천체물리학자로 꼽았다. A는 여론조사결과를 토대로 스티븐 호킹이 가장 위대한 천체물리학자라고 결론지었다.

3. 권위에 의한 논증의 예를 제시하고 권위에 의한 논증에서 유의할 점이 무엇인지를 설명하라.

23장. 인과논증

 우주 속의 모든 사물들은 다른 사물들과 인과관계로 복잡하게 연결된 세계 속에 존재한다. 따라서 복잡한 인과관계의 사슬로 연결된 세계에서 끊임없이 다른 사물들과 접촉하며 살고 있는 우리가 생존하기 위해서는 우주 속의 사물들 사이에 성립하는 인과관계에 대한 판단이나 지식이 필수적으로 요구된다고 할 수 있다. 사물이나 사건들 사이에 성립하는 인과관계에 대한 판단이나 지식을 기술한 것을 인과명제라 하면 우리가 수행하는 가장 기본적인 언어행위조차 인과명제에 의존해 있다고 해도 과언이 아니다. 아래의 예들에서 보듯이, 우리는 흔히 자신에게 중요한 사건이 발생한 경우 그 발생한 원인을 설명하고자 하거나 한 사건으로부터 어떠한 결과가 발생할 것인가를 예측하고자 하는데 이러한 설명이나 예측을 언어로 표현한 것이 인과명제이기 때문이다.

1) 열애 중이던 성실한 청년 A의 여자 친구가 갑자기 결별을 선언하고 A의 곁을 떠났다. 별다른 이유를 찾지 못한 A는 그녀가 자신을 떠난 원인은 새 남자친구가 생겼기 때문이라 판단했다.
2) 가벼운 감기증세로 항히스타민 성분이 들어있는 감기약을 복용한 B는 수 시간 후 심한 두통에 시달리게 되었다. 이에 B는 자신의 두통의 원인이 항히스타민 성분이 들어있는 감기약을 복용한 때문이라고 판단했다.

 1)에서의 A와 2)에서의 B는 각기 인과적 판단을 하고 있다. 이들의 판단은 아래처럼 나타낼 수 있다.

 A의 판단: 애인이 A를 떠난 원인은 A의 애인에게 새로운 남자친구가 생겼기 때문이다.
 B의 판단: B가 심한 두통에 시달리게 된 원인은 수 시간 전에 항히스타민 성분이 들어간 감기약을 복용한 때문이다.

 A와 B의 판단이 옳았는지의 여부를 논외로 하면, A와 B의 판단은 모두 인과명제이다. 이들은 모두 한 사건 이 다른 사건의 원인이라는 인과적 판단을 기술한 것이기 때문이다.

논리와 비판적 사고 ·

충분조건적 원인과 필요조건적 원인

인과명제가 원인이 결과가 발생할 것을 보증해줄 수 있는 충분조건적((원인)A가 참이고 (결과)B가 거짓일 수 없는) 인과관계를 나타낸 경우인 1의 ⒜와 원인이 결과가 발생하기 위해 필수적으로 요구되는 원인 중 하나인 필요조건적(원인)A가 거짓이고 (결과)B가 참일 수 없는) 인과관계를 나타낸 경우인 1의 ⒝는 연역적으로 타당한 논증형식이다.

1. 〈충분조건적 원인과 필요조건적 원인의 논리형식〉
   ⒜ 사태 A는 사태 B의 (충분조건적)원인이다.
   　　사태 A가 발생했다.
   　　―――――――――――
   　　사태 B가 발생했다.

   ⒝ 사태 A는 사태 B의 (필요조건적)원인이다.
   　　사태 B가 발생한다.
   　　―――――――――――
   　　사태 B에 앞서 사태 A가 발생하거나 존재한다.

(사태 A가 사태 B의 충분 조건적 원인이면 A가 발생하면 B가 반드시 발생한다. 한 예로 목이 잘린 생명체는 살아남을 수 없으므로 목이 잘리는 것은 목이 있는 생명체의 죽음에 충분 조건적 원인이라 할 수 있다.
사태 A가 사태 B의 필요조건적 원인이면 A가 발생하거나 존재하지 않으면 B가 발생할 수 없다. 한 예로 주위에 산소가 없으면 불이 날 수 없으므로 주위에 산소가 존재함은 불이 나기 위한 필요조건 중의 하나라 할 수 있다.)

1이 타당한 논증형식이라는 것은 사태나 사건들 사이의 인과관계의 지식을 기술한 인과명제가 적절할 경우 일정한 사태에 대해 그 사태가 발생한 원인에 대한 인과적 설명이나, 발생한 사태에 의해 장차 어떤 사태가 발생할 것인지에 대한 예측이 가능하다는 것을 나타내고 있다고 할 수 있다. 한 예로 "핵폭탄이 터지면 핵폭탄이 터진 곳 주위의 모든 생명체는 살아남지 못할 것이다"라는 인과명제로부터 서울의 중심부에 핵폭탄이 떨어지면 서울의 중심부에 거주하는 인간은 모두 죽게 될 것이라는 예측이 가능해진다.

인과명제가 결론으로 포함된 논증을 인과논증이라 한다. 인과명제가 결론이므로 인과논증은 인과관계를 밝히기 위해 사용되는 논증이라 할 수 있다.

23장. 인과논증

근세의 영국철학자인 밀(John S. Mill)은 자신의 저서 *A System of Logic*에서 인과관계를 밝히는 다섯 가지 방법에 대해 설명하고 있다. 밀의 방법이라 불리는 인과관계를 밝히는 다섯 가지 방법은 아래와 같다.

2. 〈밀의 방법〉
   ① 일치법 (The Method of Agreement)
   ② 차이법 (The Method of Difference)
   ③ 병용법 (The Joint Method of Agreement and Difference)
   ④ 공변법 (The Method of Concomitant Variation)
   ⑤ 잉여법 (The Method of Residue)

일치법

일치법은 일정한 결과가 발생한 모든 경우에서 그 결과를 야기했을 만한 요인들을 조사하여 모든 경우에 일치하는 요인을 그 결과를 야기한 원인으로 판단하는 방법이다. 하나의 예를 통해 일치법을 설명하겠다. 아래에서 묘사된 내용이 실제로 벌어진 일이라 가정해보자.

200여 명이 탑승한 한 국내 항공사의 여객기가 LA 공항을 출발하여 인천공항에 도착했는데 탑승객 중 20명이 심한 식중독 증세를 나타냈다. 항공사측은 이들 20명을 급히 인천에 위치한 한 종합병원에 급히 후송하여 이들을 상대로 문진해 본 결과 이들은 모두 비행기내에서의 저녁 기내식으로 닭고기를 먹은 것으로 드러났다. 문진을 행한 의사는 이 결과를 토대로 이들 20명이 식중독에 걸린 원인은 저녁에 제공된 닭고기 기내식을 먹었기 때문이라 결론지었다.

앞에 묘사된 내용이 실제로 벌어진 일이라면, 발생 원인을 파악하고자 하는 결과(E)는 식중독에 걸린 것이다. 또한 탑승객 중 20명이 식중독에 걸렸고 담당의사는 식중독에 걸린 20명을 대상으로 문진을 했으므로 결과가 야기된 경우(case)의 수는 20이다. 담당의사는 환자들에게 식중독에 걸릴 요인이 되는 행위를 했는지 여부를 질문했을 것이다. 따라서 비행기 내에서 환자들이 취한 식사의 내용이나 손을 자주 씻었는지 여부와 같은 환자들의 청결 상태 등이 결과를 야기했을 만한 요인일 것이다. 따라서 '저녁기내식으로 소고기를 먹음'이나 '맥주를 마심'과 같은 결과를 야기했을 만한 요인들을 A, B, C, … 라 하고 '저녁 기내식으로 닭고기를 먹음'을 X라 하면 저녁 기내식으로 닭고기를 먹은 것이 식중독의 원인이라 판단한 담당의사의 판단은 아래처럼 나타낼 수 있을 것이다.

case	(결과를 야기할 가능성이 있는)요인	결과
1	X, A, C, K, …	E
2	X, A, C, D, …	E
3	X, B, D, F, …	E
…	…	
20	X, A, D, G, …	E

앞의 도식에서 볼 수 있듯이 E(식중독에 걸림)가 발생한 모든 경우인 20개의 case 모두에서 오직 X(저녁 기내식으로 닭고기를 먹음)만이 일치하는 요인이다. 따라서 일치법에 따르면 E가 발생한 모든 경우에 일치하는 요인이 X이므로 X가 E를 야기한 원인이다. 일치법은 인과관계를 파악하는 방법 중 가장 흔히 사용되는 방법이라 할 수 있다. 일치법의 형식은 아래처럼 정리될 수 있다.

3. 〈일치법의 기본형식〉

case	(결과를 야기했을 만한) 요인	결과
1	X, A, B, …	E
2	X, C, D, …	E
…	…	
n	X, F, G, …	E

일치법을 적절히 사용하기 위해서는 결과와 관련된 인과관계에 대한 사전적인 지식이 요구된다. 앞의 사례에서 저녁 기내식으로 무엇을 먹었는지가 조사되지 않았다면 식중독을 일으킨 모든 사례에서 일치하는 요인은 없을 것이므로 일치법으로 E를 야기한 원인이 X라는 것을 밝힐 수 없을 것이다. 이처럼 일치법이 효과적으로 사용될 수 있기 위해서는 발생한 결과를 야기했을 만한 요인들을 적절하게 선택할 수 있는 능력이 요구되며, 이를 위해서는 문제 되는 결과와 관련된 인과관계에 대한 사전 지식이 요구된다. 이것을 보여주는 재미있는 사례를 소개하겠다.

23장. 인과논증

술에 물을 섞어 먹는 습관이 있는 길동이는 자신을 취하게 하는 원인이 무엇인지 알아보기 위해 자신이 취했던 경우를 일치법을 사용하여 아래와 같이 분석하였다.

1. 위스키에 물을 섞어서 마시니 취했다.
2. 소주에 물을 섞어 마시니 취했다.
3. 막걸리에 물을 섞어 마시니 취했다.
4. 보드카에 물을 섞어 마시니 취했다.
   ⋯
   ⋯
10. 고량주에 물을 섞어 마시니 취했다.

이처럼 분석을 하니 자신이 술에 취한 10가지 경우 모두에 일치하는 것은 물이었다. 이러한 결과를 토대로 일치법을 적용하여 길동이는 자신을 취하게 하는 것이 물이라고 판단하였다.

차이법

차이법도 일치법과 마찬가지로 흔히 사용되는 인과관계를 밝히는 방법이다. 차이법은 결과가 발생한 경우와 그렇지 않은 경우에서 일치하지 않는(전자에는 존재하는 요인이고 후자에는 존재하지 않는) 요인이 결과를 야기한 원인이라 파악하는 방법이다. 하나의 예를 통해 차이법을 설명하겠다.

절친한 친구 사이인 a와 b는 앞의 예에서 거론된 식중독이 발생한 비행기의 탑승객인데 a는 식중독에 걸린 반면 b는 식중독에 걸리지 않았다. b는 a가 식중독에 걸린 원인을 파악하기 위해 식중독을 야기했을 만한 요인들을 조사했는데, 둘 사이의 유일한 차이점은 a는 저녁 기내식으로 닭고기를 먹은 반면 b는 닭고기 대신 소고기를 먹었다는 것이었다. 이를 토대로 b는 a에게 식중독을 야기한 원인은 그가 저녁 기내식으로 먹은 닭고기라고 파악했다.

b의 판단은 차이법을 적용하여 얻어진 것이다. 결과(식중독에 걸림)가 발생한 경우와 발생하지 않은 경우에서 결과를 야기했을 만한 요인들 중 유일한 차이점은 저녁 기내식으로 닭고기를 먹었는지의 여부이다. '저녁 기내식으로 닭고기를 먹음'을 X라 하면 b의 판단에서 사용된 차이법의 기본형식은 아래처럼 나타낼 수 있다.

논리와 비판적 사고

4. 〈차이법의 기본형식〉

case	요인	결과	case	요인	결과
1	X, A, B, C, …	E	2	(X), A, B, C, …	(E)

(* (X)는 X가 나타나지 않음을 (E)는 E가 나타나지 않음을 나타낸다.)

일치법에서와 마찬가지로 차이법이 효과적으로 적용되려면 결과를 야기했을 만한 적절한 요인들을 선택할 수 있는 능력이 요구된다. 앞의 예에서 결과를 야기했을 만한 요인 중 하나로 저녁 기내식으로 무엇을 먹었는지가 선택되지 않았다면 차이법으로 저녁 기내식으로 닭고기를 먹은 것이 a가 식중독에 걸리게 된 원인이라는 것을 밝혀낼 수 없었을 것이다.

병용법

병용법은 일치법과 차이법을 결합하여 사용하는 방법이다. 일반적으로 병용법이 사용되면 일치법이나 차이법이 단독으로 사용된 경우보다 개연성이 높아진다. 예를 통해 병용법을 설명하겠다.

일치법을 사용하기 위해 식중독에 걸린 탑승객 20명을 대상으로 문진을 했던 의사는 이들이 식중독에 걸린 이유를 좀 더 명확히 밝히기 위해 식중독에 걸리지 않은 탑승객들 중 식중독에 걸린 사람들 개개인과 유사한 요인들을 공유한 식중독에 걸리지 않은 탑승객을 대응시켜 조사해보았다. 그 결과 저녁 기내식으로 닭고기를 먹었을 경우에는 모두 식중독에 걸렸지만 저녁 기내식으로 닭고기를 먹지 않았을 경우에는 모두 식중독에 걸리지 않았다. 이를 토대로 담당 의사는 탑승객 중 20명이 식중독에 걸린 이유는 이들이 저녁 기내식으로 닭고기를 먹었기 때문이라는 것을 더욱 확신하게 되었다.

앞의 예에서 담당의사는 일치법과 차이법을 결합해 사용하고 있다. 식중독에 걸린 사람들 사이와 식중독에 걸리지 않은 사람들 사이에는 일치법이, 식중독에 걸린 사람과 식중독에 걸리지 않은 사람 사이에는 차이법이 사용되고 있기 때문이다. 여기서 사용된 병용법은 아래처럼 나타낼 수 있다.

23장. 인과논증

case	요인	결과	case	요인	결과
1	X, A, C, K, …	E	1'	(X), A, C, K, …	(E)
2	X, A, C, D, …	E	2'	(X), A, C, D, …	(E)
3	X, B, D, F, …	E	3'	(X), B, D, F, …	(E)
			…		
			…		
			…		
20	X, A, D, G, …	E	20'	(X), A, D, G, …	(E)

병용법이 사용된 도식에서 세로로는 일치법이 가로로는 차이법이 사용되었다. 세로로 열거된 case 1에서 20 사이와 (요인 X가 있으면 결과 E가 발생) case 1'에서 20' 사이에는 (요인 X가 없으면 결과 E가 발생하지 않음) 일치법이, 가로로 열거된 1에서 20 사이의 모든(1과 20 사이에서 어떤 경우 n과 n' 사이에도) 경우에 차이법이 사용되었다. 이처럼 일치법과 차이법이 결합된 병용법은 일치법이나 차이법이 단독으로 사용된 경우에 발생할 수 있는 결함이나 오류를 보완하는 역할을 한다고 할 수 있다.

공변법

공변법은 두 개의 조건 중 한 조건이 변화함에 따라 다른 조건이 이에 대응하여 변화하는 것을 파악하여 전자가 후자를 야기한 원인이라 파악하는 방법이다.

미세먼지와 건강 사이의 관계에 관심을 가지고 있는 서울 소재 대학에 근무하는 A교수는 일정 기간 동안의 관찰을 통해 수도권의 미세먼지 수준이 악화되면 수도권에 사는 주민들 중 독감에 걸린 주민 수가 증가하고 미세먼지 수준이 좋아지면 독감에 걸린 주민 수가 감소한다는 것을 발견하였다. A 교수는 이 발견을 토대로 미세먼지 수준의 악화가 독감에 걸린 그 지역 주민들의 수가 증가하는 원인이라 판단했다.

공변법은 우리들이 일상에서 흔히 사용하는 인과관계를 파악하는 방법이다. 그러나 하나의 조건 A의 변화에 대응하여 다른 조건 B가 변화했다 해도 A 외에 다른 조건이 B의 변화에 영향을 끼쳤을 수 있다. 따라서 공변법을 적절히 사용하기 위해서는 이에 대한 고려가 필수적으로 요구된다. 앞의 경우에도 미세먼지 수준이 악화되었을 때 우연히 수도권 지역에 독감바이러스가 유행했을 수 있다

잉여법

잉여법은 일정한 결과적 현상을 구성하는 결과적 현상들 중 일부를 야기한 원인이 되는 선행상황이 알려져 있을 경우 잉여적으로 남은 선행상황을 나머지 결과를 야기한 원인으로 판단하는 방법이다. 한 예로 ABC라 표현될 수 있는 결과적 현상이 발생하고 이를 야기한 선행적 요인들이 XYZ로 표현될 수 있는데, X가 A의 원인이고 Y가 B의 원인이라는 것이 알려져 있을 경우 남은 결과적 현상인 C의 발생원인은 남은 요인인 Z일 것이라 추론하는 방법이다. 잉여법은 아래처럼 도식화될 수 있다.

5. 〈잉여법의 기본형식〉
   XYZ라는 선행적 요인이 ABC라는 결과적 현상을 야기한 원인이다.
   X가 A의 원인이다.
   Y가 B의 원인이다.
   ─────────────────────
   요인 Z가 C를 야기한 원인이다.

아래의 경우는 잉여법이 사용된 한 예라 할 수 있다.

일정한 소득으로 살아가는 평범한 직장인 C는 지난달에는 소득보다 50만원을 더 지출했다. C의 지출 총액은 집세, 교통비, 식비, 유흥비로 구성되는데 C는 매달 일정한 액수의 집세와 교통비 식비를 지출하므로 지난달에 지출한 과다한 유흥비가 지난달에 C가 적자를 보게 된 원인이라 추론했다.

23장. 인과논증

연습문제

1. 아래의 기사에서 인과관계를 밝히는 밀의 방법이 사용된 곳을 찾아내고 어떤 방법이 사용되었는지를 밝혀라.

후각정보는 대뇌 안 거치고 감정으로 바로 전달
'애인 있는 이성=검증된 배우자감' 본능작용 탓

애인을 믿은 만큼 친구도 믿었기에 자주 함께 어울리곤 했다. 그런데 언제부터인가 자신이 '꼽사리'인 것 같은 어색한 기분이 든다. 알고 보니 애인과 친구가 새로운 연인이 돼 있었던 것. '친구의 친구'를 향한 '잘못된 만남'은 정녕 '하늘만 허락한 사랑'일까. 최근 과학자들이 이런 사랑을 시작하는 연인들이 귀가 솔깃해질 만한 이색적인 주장을 제기했다. 우리의 코와 뇌에서 일어나는 생리적 반응이 '잘못된 만남을 주선한다'는 것이다.

• **잘못된 만남의 원천은 코**

미국 샌프란시스코 캘리포니아대 해부학과 니라오 슈아 교수팀은 암컷 생쥐를 교미시키기 위해 수컷 생쥐가 있는 우리 안에 넣었다. 그런데 수컷이 희한한 행동을 보였다. 암컷에게 다가가더니 먼저 냄새를 맡은 다음 교미를 한 것이다.
연구팀은 유전자를 조작해 콧속에 있는 주후각상피(MOE) 영역이 파괴된 돌연변이 수컷을 만들었다. MOE는 냄새를 감지해 뇌로 전달하는 후각신경세포가 모여 있는 곳이다. MOE가 파괴된 수컷은 암컷의 냄새도 맡지 않고 교미도 하지 않았다.
슈아 교수는 "생쥐가 배우자감을 가려낼 때 후각을 사용한다는 것을 보여주는 결과"라고 설명했다. 이 연구결과는 '네이처 뉴로사이언스' 작년 12월호에 발표됐다.
문제는 생쥐가 냄새로 상대방의 '과거사'까지 따져본다는 것.
미국 록펠러 대 신경생물학 및 행동연구실 도날드 파프 교수팀은 암컷 생쥐를 두 그룹으로 나눠 한 그룹에게는 혼자 있던 수컷 생쥐의 냄새를, 다른 한 그룹에게는 발정기인 다른 암컷 생쥐와 함께 있던 수컷 생쥐의 냄새를 맡게 했다.
그 결과 암컷은 특이하게도 다른 암컷과 함께 있던 수컷의 냄새를 더 좋아 했다.

• **친구 애인의 체취에 반하다**

파프 교수는 "수컷에게 다른 암컷의 냄새가 섞여 있다는 것은 이미 다른 암컷이 접근했었다는 일종의 '정보'가 된다"며 "이로써 암컷은 다른 암컷이 눈독을 들일 만큼 이 수컷이 '검증된' 배우자감이라는 사실을 간파한 하는 것"이라고 설명했다. '얼마나 괜찮은 수컷이기에'하고 관심을 가진다는 얘기다.
그는 또 "한 암컷의 선택이 다른 암컷의 배우자 선택에 영향을 미치는 사례는 조류나 어류에서 많이 보고돼 있으나 포유류에서 발견된 것은 이번이 처음"이라고 덧붙였다. 이 연구 결과는 '미국립과학원회보(PNAS)' 3월 14일자에 실렸다.
슈아 교수와 파프 교수는 "쥐와 사람은 신경해부학적으로 매우 유사하다"는 점을 들어 "사람

 논리와 비판적 사고

이 배우자를 결정하는 행동에도 후각이 유용하게 쓰일 것"이라고 추측했다. 자신도 모르게 친구 애인의 체취를 맡아 검증된 배우자감이라고 생각할지 모른다는 뜻이다.

(중략)

• **익숙한 이성이 더 매력적**

'잘못된 만남'을 주선하는 반응은 뇌에서도 일어난다.

영국 리버플대 생물과학과 앤서니 리틀 박사팀은 실험 참가자 200명에게 미간이 넓은 이성의 얼굴 사진을 보여줬다. 그리고 다른 이성의 얼굴 사진 여러 장을 보여주고 가장 마음에 드는 것을 고르게 했다. 참가자들은 대부분 미간이 넓은 이성의 얼굴을 선호했다. 이 연구 결과는 지난해 9월 '영국왕립생물과학회보'에 소개됐다.

리틀 박사는 "낯선 얼굴보다 익숙한 얼굴에 더 매력을 느끼는 것"이라며 "이미 봤던 얼굴에서 '안전하다'거나 '접근하기 쉽다'는 생각을 하기 때문"이라고 추측했다.

친구의 애인은 처음 보는 이성에 비해 볼기회가 많을 것이기 때문에 호감을 쉽게 가질 수 있다는 의미다.

임소형 동아사이언스 기자

2. 병용법에 대해 설명하라.

24장. 인과오류

우주 속의 만물은 인과의 사슬로 얽혀있다. 어찌 보면 우주 속에 존재하는 어떤 개체도 다른 모든 개체들과 인과관계로 밀접히 연결되어 있다고 해도 과언이 아닐 것이다. 따라서 발생 원인이 밝혀진 사건이나 상황에 대해서도 우리가 가진 지적 배경과 실용적이거나 이론적인 관심에 따라 다양한 인과진술이 가능하다.

남자친구가 휘두른 식칼에 복부를 찔린 한 젊은 여성 A는 종합병원 응급실로 후송되어 급히 수술을 받았으나 결국 심장마비로 사망하고 말았다.

앞의 사례에서 일반인들은 젊은 여성 A의 사망원인은 남자친구에 의해 생긴 자상 때문이라고 할 것이다. 이에 반해 종합병원 응급실에서 환자를 담당했던 의사는 아마도 심장마비를 A의 사망원인으로 지목했을 것이다. 또한 A에게 다른 오래된 남자친구가 있다는 사실을 밝혀낸 이 사건을 수사 중인 형사는 A와 남자친구들 사이에 얽혀있는 치정관계에 따른 남자친구의 분노가 A의 사망사건을 발생하게 한 원인이라고 파악할 것이고, A가 당시에 피를 많이 흘리고 있었고 교통체증으로 사건현장에서 종합병원까지의 이동시간이 평소보다 2배 이상 지체되었다는 것을 알고 있는 응급차 운전사는 A의 사망원인은 이동시간 지체에 따른 과도한 혈액손실 때문이라고 주장할 수도 있을 것이다. 앞에서 보듯이 일반인에 따르면 A의 사망원인은 자상, 담당의사에 따르면 심장마비, 형사에 따르면 치정에 따른 분노, 운전사에 따르면 이동시간 지체에 따른 과다한 혈액손실이다. 이처럼 하나의 사건이나 상황에 대해 서로 다른 다양한 발생 원인이 부여될 수 있다. 달리 보면 이것은 당연한 결과이다. 우주 속에 존재하는 만물은 복잡하고 조밀하게 짜인 인과의 그물망으로 얽혀있으므로 복잡하게 연결되어 있는 인과사슬을 모두 밝혀 드러내는 것은 근본적으로 불가능할 것이기 때문이다.

결과를 야기한 선행요인을 뜻하는 '원인'이라는 용어는 다양하게 사용된다. 이 중 대표적인 세 가지인 '충분조건적원인'과 '필요조건적원인', '확률적원인'에 대해 살펴보겠다. 이들은 아래처럼 정의될 수 있다.

1. 사건(사건유형) A는 결과적 사건(사건유형) B의 '충분조건적원인'이다. iff A가 발생하면 B가 반드시 발생한다(발생하지 않을 수 없다).

논리와 비판적 사고

사건(사건유형) A는 결과적 사건(사건유형) B의 '필요조건적원인'이다. iff A의 발생 없이 B가 발생할 수 없다.

사건(사건유형) A는 결과적 사건(사건유형) B의 '확률적원인'이다. iff A의 발생이 B가 발생할 확률을 높인다.

선행사건(요인) A가 사건 B의 '충분조건적원인'이면 사건 A가 발생하면 사건 B가 반드시 발생한다. 한 예로 동물의 목을 절단하는 것은 목을 절단당한 동물의 죽음에 대한 '충분조건적원인'이다. 목이 절단되고도 죽지 않는 동물은 없을 것이기 때문이다. 따라서 만약 하나의 사건 A가 사건 B가 발생하기 위한 '충분조건적원인'일 경우, A가 발생하면 B가 발생할 것이라는 것을 예측할 수 있다. 그러나 사건 A가 사건 B의 '충분조건적원인'이라 해도, 결과적 사건 B가 나타났을 때 A가 B의 원인이라는 판단은 정당화될 수 없다. A 외에도 B를 야기할 수 있는 무수히 많은 수의 '충분조건적원인'이 가능하기 때문이다. 한 예로 '산소공급을 차단함'이나 '심장기능의 정지' 등도 동물의 죽음에 대한 '충분조건적원인'이라 할 수 있다.

선행사건 A가 결과적 사건 B의 '필요조건적원인'이면 A의 발생 없이는 B가 발생하지 않는다. 한 예로 물이 끓는 것의 필요조건적원인 중의 하나는 '원활한 산소공급'이라 할 수 있다. 산소가 없으면 물을 데울 수 없을 것이기 때문이다. 하나의 필요조건적원인은 결과를 야기하기 위해 요구되는 하나의 요인일 뿐이다. 앞의 예에서 '원활한 산소공급' 외에도 '물을 섭씨 100도 이상으로 데우는 것', '기압이 적절할 것', '물의 오염이 심하지 않을 것' 등도 물이 끓기 위한 필요조건들이라 할 수 있다. 따라서 A가 B를 야기한 '필요조건적원인'이라는 것은 B가 발생하기 위해서는 하나의 요인 A가 반드시 필요하다는 것에 불과하다.

사건 A가 결과적 사건 B의 '필요조건적원인'이나 '충분조건적원인'이 아니지만 사건 A가 발생하지 않은 경우에 비해 사건 A가 발생한 경우 결과적 사건 B가 발생할 가능성이 높아지면 A는 B의 확률적 원인이다. 즉 A가 B를 위한 확률적 원인이면 ('충분조건적원인'이 아니므로) A가 발생하면 반드시 B가 발생하는 것도 아니고 ('필요조건적원인'이 아니므로) A가 발생하지 않으면 B가 반드시 발생하지 않는 것도 아니지만 A가 발생하면 그렇지 않은 경우에 비해 B가 발생할 확률이 높아야 한다. 한 예로 오랜 기간에 걸친 흡연이 폐암의 원인이라는 것은 일반적으로 인정된 믿음이라 할 수 있다. 장기간 담배를 피운 모든 사람이 폐암에 걸리는 것도 아니고 담배를 전혀 피우지 않은 경우에도 폐암에 걸릴 수 있지만 오랜 기간에 걸친 흡연은 폐암에 걸릴 가능성을 높일 것이기 때문이다.

앞에서 열거된 세 가지가 일반적으로 '원인'이라는 용어가 사용되는 세 가지 용법이라 할 수 있다. 앞에서 본 것처럼 이 세 가지 용법은 각기 일정한 상황에

24장. 인과오류

서 유용하게 사용될 수 있다. 그러나 'A가 B의 원인이다'라는 표현이 엄밀한 의미에서 정당성을 가지려면 A는 B를 위한 '필요충분조건적원인'이어야 할 것으로 보인다. A가 '필요충분조건적원인'일 경우에만 A가 발생할 경우에 B가 반드시 발생하고 A가 발생하지 않으면 B가 발생하지 않는다는 것이 보증되기 때문이다. 그러나 하나의 발생한 결과적 사건의 '필요충분조건적원인'을 밝히는 것은 순수하게 논리적으로는 모르지만 실제로는 불가능 할 것이다. 우주 속의 만물은 복잡하고 미묘하게 얽혀진 인과관계의 사슬로 묶여있으므로 한 결과적 사건에 대한 '필요조건적원인'들의 모임이 결과적 사건이 발생하기 위한 '충분조건적원인'이 될 수 있게끔 모든 '필요조건적원인'들을 열거하는 것은 물리적으로 불가능 할 것이기 때문이다.

영국의 경험론자인 흄(David Hume)은 인과관계를 밝힐 수 있는 경험적인 방법은 존재하지 않는다고 보았다. 그에 따르면 엄밀한 의미에서 '사건 A가 사건 B의 원인'일 경우에 우리가 관찰할 수 있는 것은 아래의 세 가지에 불과하다.

① 사건 A와 사건 B는 시·공적으로 근접해 있다.
② 사건 A가 발생한 후에 사건 B가 발생한다.
③ 사건 A가 발생할 때마다 사건 B가 발생한다.

흄에 따르면 A와 B 사이에 필연적인 관계없이 단순히 우연적으로 ①과 ②와 ③이 일어날 수 있으므로 A와 B 사이의 필연적 관계가 성립한다는 것을 보일 수 있는 방법은 근본적으로 우리에게 차단되어 있다. 그러나 엄밀한 의미에서 'A가 B의 원인이다.'라는 표현이 정당화되려면 A와 B 사이의 인과관계가 우연적이 아닌 필연적 관계라는 것을 보일 수 있어야 한다.

엄밀한 의미에서 인과관계는 필연적 관계이므로 인과관계를 밝히는 인과논증은 근본적으로 오류의 가능성이 높은 귀납논증이라 할 수 있다. 인과논증이 야기하는 인과오류 중 대표적인 세 가지에 대해 살펴보겠다.

선후관계를 인과로 보는 오류(Post Hoc)

'선후관계를 인과로 보는 오류'란 단지 하나의 사건 A가 발생한 후에 잇달아 사건 B가 발생한다는 사실에 근거해 사건 A가 사건 B의 원인으로 간주하는 데 따른 오류이다. 아래는 선후관계를 인과로 보는 오류의 대표적인 사례라 할 수 있다.

논리와 비판적 사고

과거의 경험으로 보면 길동이가 문지방을 밟았을 경우에 좋지 않은 일이 발생했다. 과거의 경험에 근거해 오늘 문지방을 밟은 길동이는 조만간 좋지 않은 일이 발생할 것으로 판단했다.

문지방을 밟는 행위와 나쁜 일의 발생 사이에 인과관계가 성립한다는 판단은 적절한 인과관계의 파악이 아니라 단순히 선후관계를 관찰함에 의해 형성된 미신에 불과하다. 실제로 우리들은 인과관계를 판단할 때 흔히 이와 유사한 오류를 저지른다. 누구도 시험 당일에 미역국이나 빵을 먹지 않을 것이다. 시험 보는 날 미역국이나 빵을 먹지 않는 것도 선후관계를 인과로 보는 오류의 사례라 할 수 있을 것이다.

공통의 원인을 무시하는 오류

공통의 원인을 무시하는 오류는 기저에 있는 공통의 원인을 무시하고 규칙성을 가진 두 개의 사건을 인과관계로 간주함에 의해 발생하는 오류이다.

항상 번개가 치고 난 후에 천둥이 울렸다. 이러한 사실을 토대로 길동이는 번개가 천둥의 원인이라 판단했다.

번개는 천둥의 선행사건이고 번개와 천둥의 발생 사이에 규칙성이 있으므로 일치법에 따르면 번개는 천둥의 원인이라 할 수 있다. 그러나 번개와 천둥은 구름이 충돌하여 생기는 방전현상이라는 공통원인 때문에 발생하는 두 가지 서로 다른 현상에 불과하다. 번개는 시각적인 현상이고 천둥은 청각적인 현상인데 번개가 먼저 발생하는 이유는 빛의 속도가 소리의 속도보다 빠르기 때문이다. 따라서 앞의 사례는 공통의 원인을 무시한 오류의 대표적 사례이다. 또한 번개가 치고 난 후에 천둥이 울린다는 사실에 입각해 번개가 천둥의 원인이라 판단했으므로 앞에서 살펴본 선후관계를 인과로 보는 오류에도 해당된다고 할 수 있다.

원인과 결과를 혼동하는 오류

'원인과 결과를 혼동하는 오류'란 두 사건이 인과관계에 있다고 판단될 경우 원인과 결과를 혼동함에 의해 발생하는 오류이다.

24장. 인과오류

　한 대학의 사회학과 교수인 A는 경제적으로 부유한 사모님들의 소비 형태를 알아보기 위해 이들을 상대로 조사를 실시하였다. 조사 결과 이들은 모두 많은 분량의 금은보석을 보유하고 있었다. 이를 토대로 A는 '많은 분량의 금은보석의 보유가 이들이 경제적으로 부유한 사모님이 된 원인이다.'라고 판단했다.

　A가 앞에서처럼 판단했다면 그는 원인과 결과를 혼동한 오류를 범한 것이다. 풍부한 경제력을 가진 부잣집 사모님이 되었기 때문에 많은 금은보석을 보유하게 되었지 단지 금은보석을 많이 가지고 있다고 해서 부잣집 사모님이 될 수는 없을 것이기 때문이다.

 논리와 비판적 사고·

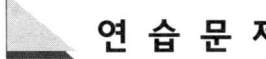 연 습 문 제

1. 아래의 예들에서의 인과적 판단들이 올바른가 아니면 오류를 저지르고 있는가를 밝혀라.

   a) 90세의 노인이 독감예방주사를 맞은 이틀 후에 사망했다. 노인의 가족들은 노인을 사망에 이르게 한 원인으로 이틀 전에 접종받은 독감예방주사 때문이라고 판단했다.
   b) 대기업에 종사하는 간부진들은 하급직에 근무하는 부하직원들에 비해 경영분야에 높은 지식을 소유하고 있었다. 이를 토대로 하급직에 근무하는 K는 대기업의 간부가 되기 위해서는 경영분야에 대한 지식수준을 높여야 한다고 판단했다.
   c) 홍역에 걸린 어린 아들이 고열에 시달림과 동시에 몸에는 붉은 반점이 나타났다. 아들을 간호하던 어머니는 아들의 몸에 나타난 붉은 반점은 고열 때문이라고 판단했다.

2. 충분조건적원인과 필요조건적원인 사이의 차이점을 설명하라.

3. 인과관계에 대한 흄의 견해를 설명하라.

25장. 귀납논증의 개연성 계산

연역논증과 귀납논증 사이의 가장 큰 차이점은 연역논증의 경우 전제가 참이면 결론이 반드시 참이지만 귀납논증의 경우에는 전제가 참이라도 결론이 거짓일 가능성이 존재한다는 것이다. 따라서 아무리 좋은(개연성이 높은) 귀납논증의 경우에도 전제가 참이라는 것으로부터 결론이 참이라는 것이 아니라 오직 결론이 참일 개연성이 높다는 것이 귀결될 뿐이다. 귀납논증의 전제가 통계적 수치로 구성되었거나 양적으로 계산될 수 있을 정도로 정보를 나타내고 있을 경우, 결론이 참일 개연성의 정도가 계산될 수 있다. 아래의 통계삼단논증에서 전제로부터 결론이 참일 개연성의 정도가 계산될 수 있다.

> 90%의 한국의 대학생들의 IQ는 110 이상이다.
> 길동이는 한국의 대학생이다.
> ────────────────────
> 길동이의 IQ는 110 이상이다.

한국의 대학생의 90%가 IQ 110 이상이고 길동이가 평범한 한국의 대학생이면, 길동이가 어느 대학에 다니는지와 같은 대학생의 IQ 수준과 관련된 요소들을 고려하지 않을 경우 길동이의 IQ가 110 이상일 가능성의 정도는 9/10(90%)라 할 수 있다.

1. 〈개연성 계산의 기본도식〉

    Pr(h/e)   (* Pr : 개연성 (Probability)
                    h : 개연성을 알고자 하는 명제(귀납논증의 결론)
                    e : 결론의 개연성과 관계된 증거(귀납논증의 전제)
                    Pr(h/e)는 0과 1 사이여야 한다.)

앞의 논증의 결론을 A, 전제들을 e라 하고, 1의 도식에 따라 나타내면 앞의 통계삼단논증의 결론(길동이의 IQ가 110 이상이다)이 참일 개연성의 정도는 "Pr(A/e)=9/10"로 표현된다.

논리와 비판적 사고

전제가 통계적 수치를 명확히 제시하지 않지만 양적으로 계산될 수 있는 정보를 내포하고 있는 사례를 살펴보겠다. 한 사람이 주사위를 던지며 6이 나올 가능성을 알고 싶어 한다고 가정하자. 이 경우 주사위의 규격이 올바르고 바닥이 평평할 경우 주사위를 한번 던져 6이 나올 개연성은 '1/6'이고 1에 따라 "Pr(h/e)=1/6"으로 나타낼 수 있다. 여기서 h는 개연성을 알고자 하는 명제인 "6이 나온다."이고, "정육면체인 주사위의 규격이 올바르다", "바닥은 평평하다" 등이 e에 해당할 것이다.

배척적 선언문의 개연성 계산

선언문은 두 개의 문장이 '… 거나 ~'나 '… 혹은 ~'과 같은 연결사에 의해 연결되는 문장이다. 선언문은 크게 포괄적선언문과 배척(타)적선언문의 두 가지로 나눌 수 있다. 포괄적선언문은 선언문을 구성하는 두 개의 문장이 동시에 참일 수 있는 선언문인 반면에 배척적선언문은 두 개의 문장이 동시에 참이 될 수 없는 문장이다. 한 예로 한 사람이 남자이면서 동시에 여자일 수 없으므로 "장희는 남자이거나 여자이다."는 배척적선언문인 반면 길동이는 산도 좋아하고 바다도 좋아할 수 있으므로 "길동이는 산을 좋아하거나 바다를 좋아한다."는 포괄적선언문이다. 배척적선언문은 '▽'를 사용하여 나타낼 수 있다.

2. $A \triangledown B$: A나 B 둘 중 하나가 참인 경우에만 참이고 다른 경우에는 거짓이다.

개연성의 정도를 알고자 하는 문장이 배척적 선언문일 경우 개연성의 정도를 계산하는 방식은 아래처럼 정리될 수 있다.

3. 〈배척적 선언문의 개연성 계산 방식〉
   $Pr(A \triangledown B/e) = Pr(A/e) + Pr(B/e)$

배척적 선언문에 해당하는 구체적 사례를 살펴보겠다. 한 사람 a가 주사위를 한 번 던졌을 때 3이나 6이 나올 개연성의 정도를 알고 싶어 한다고 하자. 이 경우 a가 개연성의 정도를 알고 싶어 하는 명제는 "3이 나오거나 6이 나온다."이고 "주사위를 한번 던진다.", "던지는 주사위는 올바른 규격의 주사위이다.", "바닥은 평평하다." 등이 이를 위한 증거나 근거이다. 따라서 주사위를 한 번 던질 경우 3이나 6이 나올 개연성의 정도와 관련된 물음은 아래처럼 논증으로 나타낼 수 있다.

25장. 귀납논증의 개연성 계산

P1 주사위를 한번 던진다.
P2 던지는 주사위는 올바른 규격의 주사위이다.
P3 주사위가 던져질 바닥은 평평하다.
　　　…
_____
ⓒ 3이나 6이 나온다.

3이 나오면 6이 나올 수 없고 6이 나오면 3이 나올 수 없으므로 결론은 배척적 선언문이다. '3이 나온다.'를 A로 '6이 나온다.'를 B로 표기하면 결론은 'A▽B'로 기호화될 수 있고 P1, P2, P3 등이 e에 해당한다. 따라서 주사위를 한번 던졌을 때 3이 나올 가능성과 6이 나올 가능성은 각기 1/6이므로 3이나 6이 나올 가능성의 정도는 3에 따라 아래처럼 계산된다.

$Pr(A▽B/e) = Pr(A/e) + Pr(B/e) = 1/6 + 1/6 = 1/3$

연언문의 개연성 계산

연언문은 두 문장이 '… 그리고 ~'와 같은 연결사에 의해 연결된 문장이다. 연언문은 연언문을 구성하는 두 문장이 모두 참일 경우에만 참이다. 한 예로 "길동이는 미남이고 성실하다."는 길동이가 미남이고 동시에 성실할 경우에만 참일 것이므로 연언문의 한 예이다. 연언문은 '&'를 사용하여 기호화될 수 있다.

4. A&B: A와 B가 모두 참일 경우에만 참이고 다른 경우에는 모두 거짓이다.

개연성의 정도를 알고자 하는 문장이 연언문일 경우 개연성의 정도를 계산하는 방식은 아래처럼 정리될 수 있다.

5. 〈연언문의 개연성 계산 방식〉
$Pr(A\&B/e) = Pr(A/e) × Pr(B/e-A)$
(* 'e-A'는 증거(e)에서 A를 고려해야 한다는 의미이다.)

연언문에 해당하는 구체적 사례를 살펴보겠다. 3장에는 배의 그림이 나머지 2장에는 산의 그림이 그려져 있는 5장의 카드 중 2장을 연속해서 뽑을 경우 처음에는 산이 그려진 카드가 나오고 두 번째에는 배가 그려진 카드가 나올 개연성의 정도와 관련된 물음은 아래처럼 논증으로 나타낼 수 있다.

    P1 3장의 카드에는 배가 그려져 있다.
    P2 2장의 카드에는 산이 그려져 있다.
    P3 이들 5장의 카드에서 무작위로 2장을 연속으로 뽑는다.
    ―――――――――――――――――――――――――――――
    ⓒ 첫째 카드에는 배가 그려져 있고 둘째 카드에는 산이 그려져 있다.

  첫째에는 배가 그려진 카드가 나오고 두 번째에는 산이 그려진 카드가 나올 경우에만 결론이 참이므로 결론은 연언문이다. '첫째 카드에는 배가 그려져 있다'를 A로 '둘째 카드에는 산이 그려져 있다'를 B로 표기하면 결론인 ⓒ는 'A&B'로 기호화 될 수 있고, P1, P2, P3은 증거인 e에 해당한다. 5장의 카드 중 무작위로 한 장을 뽑았을 때 배가 그려진 카드가 나올 가능성은 3/5이고 첫째 카드를 뽑고 난 후 4장이 남은 카드 중 한 장을 뽑았을 때 산이 그려진 카드가 뽑힐 가능성은 1/2이므로 첫째 카드에 배 그림이 둘째 카드에 산 그림이 그려져 있을 개연성의 정도는 아래처럼 계산된다.

    $Pr(A\&B/e) = Pr(A/e) \times Pr(B/e-A) = 3/5 \times 2/4 = 3/10$
    (*첫째 카드가 배가 그려진 카드일 경우 남은 카드는 산이 그려진 카드 2장과 배가 그려진 카드 2장일 것이므로 '$Pr(B/e-A)$'는 2/4이다.)

배척적 선언문과 연언문이 결합된 문장의 개연성 계산

  앞의 예에서 3장의 배가 그려진 카드와 2장의 산이 그려진 카드 중 무작위로 2장을 뽑았을 경우 한 장에는 배가 그려져 있고 다른 한 장에는 산이 그려져 있을 개연성의 정도와 관련된 물음은 아래의 논증으로 나타낼 수 있다.

    P1 3장의 카드에는 배가 2장의 카드에는 산이 그려져 있다.
    P2 이들 5장의 카드 중 2장의 카드를 뽑는다.
    ―――――――――――――――――――――――――――――
    ⓒ 한 장의 카드에는 배가 그려져 있고 다른 한 장에는 산이 그려져 있다

  앞의 논증의 결론은 연언문의 형태를 취하고 있다. 그러나 이 논증의 결론은 단순한 연언문과 근본적으로 다른 의미를 가진 문장이다. 이 경우에는 이 논증의

25장. 귀납논증의 개연성 계산

결론인 ⓒ가 참일 수 있는 두 가지 서로 다른 가능성이 있기 때문이다. 첫째 가능성은 '첫째 카드에 배가 그려져 있고 둘째 카드에 산이 그려져 있다'는 가능성이고 둘째 가능성은 '첫째 카드에는 산이 그려져 있고 둘째 카드에는 배가 그려져 있다'는 가능성이다. 두 가능성 중 하나가 현실화되면 다른 가능성은 현실화될 수 없으므로, 한 장의 카드에는 배가 다른 한 장에는 산이 그려져 있을 가능성을 나타내는 결론은 일종의 배타적 선언문이라 할 수 있다. 따라서 결론인 ⓒ는 아래의 ⓒ'으로 고쳐져야 한다.

ⓒ' 첫째 카드에는 배가 그려져 있고 둘째 카드에는 산이 그려져 있거나, 첫째 카드에는 산이 그려져 있고 둘째 카드에는 배가 그려져 있다.

'첫째 카드에는 배가 그려져 있다'를 A, '둘째 카드에는 산이 그려져 있다'를 B, '첫째 카드에는 산이 그려져 있다' C, '둘째 카드에는 배가 그려져 있다'를 D라 하면 ⓒ'은 "(A&B)▽(C&D)"로 기호화될 수 있다. 따라서 한 장의 카드에는 배가 다른 한 장의 카드에는 산이 그려져 있을 개연성의 정도는 아래처럼 계산될 수 있다.

$$Pr((A\&B)\triangledown(C\&D)/e) =$$
$$Pr(A\&B/e) + Pr(C\&D/e) = (Pr(A/e) \times Pr(B/e-A)) + (Pr(C/e) \times Pr(D/e-C))$$

첫째 카드에 배가 그려져 있을 개연성의 정도인 Pr(A/e)는 3/5, Pr(B/e-A)는 1/2, Pr(C/e)는 2/5, Pr(D/e-C)는 3/4이므로 한 장의 카드에는 배가 다른 한 장의 카드에는 산이 그려져 있을 개연성의 정도는 3/5이다.

부정문의 개연성 계산

한 명제 A가 참일 개연성의 정도가 70%이면 A가 참이 아닐 개연성의 정도는 30%일 것이다.

따라서 '…이 아니다'와 같은 부정문을 나타내는 연결사를 '~'으로 나타내면 부정문에 대한 개연성의 정도를 계산하는 방식은 아래처럼 정리될 수 있다.

6. 〈부정문의 개연성 계산 방식〉
$$Pr(\sim h/e) = 1 - Pr(h/e)$$

한 예로 한 대학 A에 다니는 학생들 중 70%가 IQ 120 이상일 경우 그 대학에 다니는 한 학생 a가 IQ 120 이상이 아닐 개연성의 정도는 아래처럼 계산될 수 있다.

Pr(~A/e)=1-Pr(A/e)=1-7/10=3/10
(*A는 "a의 IQ는 120 이상이다"를 나타낸다.)

포괄적 선언문의 개연성 계산

포괄적 선언문은 선언문을 구성하는 두 개의 선언이 동시에 참일 수 있는 선언문이다. 한 예로 한 사람 길동이는 산도 좋아하고 바다도 좋아할 수 있으므로 "길동이는 산을 좋아하거나 바다를 좋아한다."는 포괄적 선언문이다. 포괄적 선언문은 '∨'를 사용하여 기호화될 수 있다.

7. A∨B : A와 B 모두가 거짓일 경우에만 거짓이고 다른 경우에는 모두 참이다.

포괄적 선언문인 'A∨B'가 참일 경우는 A와 B가 모두 참인 경우, A가 참이고 B가 거짓인 경우, A가 거짓이고 B가 참인 경우의 세 가지이다. 이 세 가지 경우는 A와 B가 모두 거짓인 경우가 아닌 것과 일치한다. 따라서 포괄적 선언문에 대한 개연성의 정도를 계산하는 방식은 아래의 두 가지로 정리될 수 있다.

8. 〈포괄적 선언문의 개연성 계산 방식〉
① Pr(A∨B/e)=Pr(A&B/e)▽Pr(A&~B/e)▽Pr(~A&B)
② Pr(A∨B/e)=Pr(~(~A&~B)/e)

포괄적 선언문에 해당하는 구체적 사례를 살펴보겠다. 한 사람 a가 주사위를 두 번 던졌을 경우 적어도 한번은 6이 나올 개연성의 정도를 알고자 한다고 가정하겠다. 이 경우 첫째에도 둘째에도 6이 나올 수 있고 a가 개연성의 정도를 알고자 하는 명제는 포괄적 선언문이므로, '첫째에 6이 나온다.'를 A로 '둘째에 6이 나온다.'를 B로 표기할 경우 개연성의 정도를 알고자 하는 명제는 "A∨B"로 기호화된다. 8의 ② 방식에 따르면 주사위를 두 번 던졌을 때 적어도 한번 6이 나올 개연성의 정도는 아래처럼 계산될 수 있다.

Pr(A∨B/e)=Pr(~(~A&~B)/e)=1-Pr(~A&~B/e)=1-(Pr(~A/e)×Pr(~B/e))= 1-((1-Pr(A/e))×(1-Pr(B/e)))

Pr(A/e)와 Pr(B/e)는 각기 1/6이므로 Pr(A∨B/e)는 11/36이다.

논리와 비판적 사고

연습문제

1. 두 사람의 생일이 같을 개연성의 정도를 계산하라.

2. 두 사람의 생일이 12월 1일일 개연성의 정도를 계산하라.

3. 주사위를 세 번 연속해서 던질 때 세 번 다 6이 나올 개연성의 정도와 적어도 한번은 6이 나올 개연성의 정도를 계산하라.

4. 20살 먹은 남자가 70세까지 살 개연성이 40%이고 20살 먹은 여자가 70세까지 살 개연성이 70%일 경우 20세의 두 남녀가 함께 70세까지 살 개연성 정도를 계산하라.

5. 7마리의 경주마가 뛰는 경마장에서 복승식(착순에 관계없이 1, 2등을 맞추는 방식) 마권과 연승식(착순에 맞게 1등과 2등을 맞추는 방식)이 적중할 개연성의 정도를 계산하라.

6. 기관지가 약한 4명의 학생과 건강한 5명의 반 학생 중 두 명을 500m 경주의 반대표 선수로 선발할 경우 아래의 문제의 개연성의 정도를 계산하라.
   a) 두 명 모두 건강하다.
   b) 한 명은 건강하고 다른 한 명은 기관지가 약하다.
   c) 두 명 중 적어도 한 명이 기관지가 약하다.

5부. 다양한 논리영역체계

에듀콘텐츠·휴피아
Educontents·Huepia

26장. 논리학의 발달 과정

논리학은 가장 역사가 오래된 학문 중 하나이다. 논리학의 아버지라 불리는 아리스토텔레스로 부터 계산해도 근 2,500여 년에 걸쳐 변화와 발전의 과정을 거쳤기 때문이다. 논리학의 정초가 이루어진 고대 그리스 시대 이후 중세와 근세를 거쳐 19세기 이후 프레게(G. Frege)와 같은 논리학자나 수학자, 철학자 등에 의해 논리학은 현재의 모습을 갖추게 된다. 여기서는 이러한 논리학의 발전·변화 과정을 이 책에서 다루어지는 내용을 고려하여 요약해보겠다.

고대 그리스시대

논리학의 정초단계라 할 수 있는 고대 그리스시대에 나타나는 두드러진 논리학과 관련된 논의와 연구는 아리스토텔레스의 논리학과 관련된 업적과 스토아학파의 논리학 그리고 제논(Zenon)과 같은 소피스트에 의해 고안된 패러독스 등에서 찾아볼 수 있다.

아리스토텔레스 Aristoteles(BC 384~322)

논리학의 아버지라 불리는 아리스토텔레스에 의해 명제들 사이에 성립되는 형식적 관계를 중시하는 형식논리학 체계인 연역논리의 논리체계들이 기본적인 모습을 갖추게 되었다.

앞에서 보았듯이 이 책의 1부는 '타당성'과 같은 논리학의 기본개념들을, 2부에서는 정언명제로 구성된 논증들을 다루는 정언논리를, 3부에서는 단칭명제와 복합명제들로 구성된 논증들을 다루는데 적합한 명제논리를 다루고 있다. 이 책의 1부에서 3부에 걸쳐 다루어진 내용은 아리스토텔레스에 의해 그 핵심적 체계가 이루어졌다고 해도 과언이 아니다.

논리학과 관련된 아리스토텔레스의 대표적 저작들은 6세기 이후 '도구'를 의미하는 '*Organon*'이라 불리고 있다. 아리스토텔레스의 논리적 작업은 아래처럼 정리될 수 있다.

논리와 비판적 사고

1. *Organon*(도구, 기관)
   The Categories: 용어들의 지시 대상에 대한 연구
   The Topics: 변증법, 오류와 비형식논리학에 대한 연구
   On Interpretation: 정언명제를 포함한 명제들에 대한 연구
   The Prior Analytics: 정언 삼단논증(Syllogism)의 타당성에 대한 형식적 분석
   The Posterior Analytics: 과학적 증명 등에 대한 연구

논리학의 발전에 기여한 아리스토텔레스의 가장 큰 업적은 정언논리에 대한 그의 작업에서 찾을 수 있다. *The Prior Analytics*에서 그는 최초로 변수를 사용하여 정언삼단논증들의 타당성 여부를 순수하게 형식적으로 다룰 수 있는 틀을 만들었고 *On Interpretation*에서는 대당사각형을 사용하여 정언명제들 사이의 성립하는 '모순 관계'와 같은 논리적 관계 등을 설명하였다. 이러한 정언논리에 대한 그의 논리적 업적은 현대에 이르기까지 서구사상 전반에 걸쳐 지대한 영향을 끼쳤다.

아리스토텔레스는 논증의 논리적 형식에 대한 분석과 전제로부터 결론이 도출되는 필연적 관계에 대한 연구를 통해 이 책의 1부에서 다루어진 연역논증을 평가하는 기준인 '타당성'을 설명하였고, 명제 등의 진위 여부가 문제가 되는 건전성과 타당성을 구분하였다. 또한 그에 의해 모순과 배중률의 원리가 최초로 다루어졌다. 이런 점에서 볼 때 아리스토텔레스는 최초의 형식논리학자라 해도 과언이 아니다. 이 외에도 그는 *The Topics*에서 오류와 비형식논리학에 대해 다루고 있고, 아래에서 볼 수 있는 '가능성'이나 '필연성'과 같은 개념이 포함된 명제들로 구성된 논증을 다루는 논리체계인 양상논리의 기초를 세우는데 기여하고 있다.

'2+3=5'는 필연적으로 참인 명제이다.
'지구가 돈다.'는 것은 우연적으로 참인 것에 불과하다.

스토아학파(Stoics)의 논리학

스토아학파는 크로누스(Cronus)와 그의 제자 필로(Philo) 등에서 그 연원을 찾을 수 있는 메가라학파의 논리학을 받아들여 이를 체계화했다. 스토아학파의 가장 대표적인 인물은 기원전 3세기경에 활동했던 크리시포스(Chrysippus)이다. 그는 스토아학파의 논리학의 대부분의 원칙들을 형식화시킨 것으로 알려져 있다.

아리스토텔레스의 논리학과 스토아학파의 논리학 사이의 가장 큰 차이점은 분석의 기본 단위로서 주된 관심의 대상이 전자에서는 주어명사와 술어명사와 같

은 명제를 구성하는 용어들이었던 반면에 후자에서는 명제 자체라는 것이다. 특히 스토아학파에서는 실질함언(material implication)과 같은 조건문에 대한 심도 깊은 논의가 이루어지고 있다. 이렇게 볼 때 스토아학파는 이 책의 3부에서 다룬 명제 논리의 기초를 형성하는데 크게 기여했다고 할 수 있다. 또한 이들은 현실태와 가능태 사이에 차이가 존재하지 않는다고 주장하는 등 스토아학파에 의해 양상논리의 개념적 기초와 관련된 논의가 활성화되었다.

패러독스(Paradox)

'패러독스'란 흔히 '역리(逆理)' 혹은 '역설(逆說)'이라 번역된다. 글자 뜻대로 하면 패러독스란 '이치나 알려진 것에 어긋나거나 반대되는 것'이라 할 수 있다.

패러독스(paradox)는 'para'와 'doxa'가 합쳐진 합성어이다. 'para'는 '~을 넘어서'를 'doxa'는 '받아들여진 견해나 믿음'을 뜻한다. 따라서 어원적으로 볼 때 패러독스는 우리들이 일반적으로 받아들이는 견해나 믿음인 지식이나 상식을 넘어선 것이나 반대되는 것을 의미한다고 할 수 있다.

그러나 패러독스의 한문표현인 역리나 역설에 대한 문자적 의미나 패러독스에 대한 어원적 의미는 패러독스의 근본적인 성격을 드러내고 있다고 할 수 없다. 이치에 어긋나거나 받아들여진 견해에 어긋나거나 반대되는 것들의 대부분은 패러독스라 할 수 없기 때문이다. 한 예로 "모든 한국인은 천재이다."라는 주장은 상식에 어긋나는 이치에 맞지 않는 주장이지만 패러독스라 할 수 없다. 자주 거론되는 주요한 패러독스들을 고려하면 패러독스는 아래처럼 정의될 수 있다.

2. 패러독스(Paradox): 피상적으로 그럴듯하고 좋은 논증으로부터 귀결되는 결론이 상식이나 지식에 근본적으로 어긋나거나 논리적 모순의 결론이 귀결되는 논증

2에서 보듯이 패러독스는 타당성과 같은 논리학의 핵심적 내용과 밀접히 관련되어 있다. 고대 그리스에서 나타난 대표적인 패러독스는 제논의 패러독스와 거짓말쟁이의 패러독스라 할 수 있다. 제논의 패러독스는 2000년 이상 철학자와 수학자를 비롯한 지식인들에게 지적 흥미와 지적 충격을 함께 준 패러독스라 할 수 있다. 한 예로 저명한 분석철학자 러셀은 제논의 패러독스는 교묘할 정도로 지혜롭고 깊이가 있다고 극찬하고 있다. 패러독스를 고안한 제논에 대해서는 알려진 바가 거의 없다. BC 5세기경에 활동했던 제논은 엘리아 학파의 일원이었고 파르메니데스의 제자로 알려져 있다. 그러나 자신의 패러독스를 다룬 제논 자신의 글은 현존하는 것이 없고 오직 플라톤의 *Parmendes*나 아리스토텔레스의 *Physic*

논리와 비판적 사고

s에 그 일부가 소개되어 있다.

제논은 적어도 40여 개 이상의 패러독스를 고안해냈다고 알려져 있다. 그러나 현재까지 남아 있는 것은 오직 9개뿐이다. 이들 9개의 패러독스들 중 중요하게 여겨져 자주 거론되는 것은 아킬레스와 거북이의 패러독스를 포함한 4개의 패러독스이다. 이 중 아킬레스와 거북이의 패러독스에 대해 살펴보겠다.

~~아킬레스와 거북이의 패러독스~~

아킬레스와 거북이가 경주를 하는데, 둘의 경주에서 거북이가 아킬레스보다 앞에서 뛰게 한다면 아킬레스는 거북이보다 빠르지만 아킬레스는 거북이를 영원히 따라잡을 수 없다. 아킬레스가 거북이가 출발한 지점에 도착하면 거북이도 일정한 거리를 이동했을 것이고 이러한 과정은 영원히 계속될 것이기 때문이다.

패러독스의 본질적인 성격을 변화시키지 않으면서 그 내용이 명확히 드러날 수 있도록 아킬레스가 거북이보다 2배 빠르게 뛴다고 가정하겠다. 이러한 가정을 받아들이면 아킬레스와 거북이의 패러독스는 아래의 논증으로 나타낼 수 있다.

① 거북이와 거북이보다 2배 빠르게 달리는 아킬레스가 경주를 한다.
② 거북이는 아킬레스의 출발지점 d1보다 앞선 지점인 d2에서 출발한다.
③ 아킬레스가 d2에 도착했을 때 거북이는 d3(d2에 d1에서 d2의 중간지점까지의 거리를 더한 지점)에 도달해 있다.
④ 아킬레스가 d3에 도착했을 때 거북이는 d4(d3에 d2와 d3의 중간지점까지의 거리를 더한 지점)에 도달해 있다.
⑤ 이러한 과정은 영원히 계속될 것이다. (2보다 큰 양의 정수 n에 대해서 아킬레스가 dn에 도착했을 때 거북이는 dn+1(dn에 dn-1과 dn의 중간지점까지의 거리를 더한 지점)에 도달해 있다.)

아킬레스는 거북이를 영원히 따라잡을 수 없다.

전제들이 모두 참이면 결론도 반드시 참일 것이므로 앞의 논증은 타당하다. 또한 거북이보다 2배 빠른 아킬레스는 거북이의 출발장소인 d2의 뒤쪽인 d1에서 거북이와 동시에 출발한다고 가정했으므로 전제들은 모두 실제로 참인 것으로 보인다. 따라서 아킬레스와 거북이의 파라독스를 논증으로 표현한 건전한 논증으로 평가된다. 그러나 아킬레스가 거북이를 영원히 따라잡지 못한다는 논증의 결론은 명백한 거짓이다. 논증의 결론은 거북이와 아킬레스가 전력을 다한다면 d2에서 d1에서 d2까지의 거리만큼 떨어진 지점에서 아킬레스가 거북이를 앞지를

26장. 논리학의 발달 과정

것이라는 사실과 모순되기 때문이다. 모순된 결과를 회피할 수 있는 방법으로 제시된 것 중 하나는 결론의 도출에 결정적인 역할을 하는 전제 ⑤를 부정하는 것이다. 이는 일정한 가정(전제)으로부터 모순이 도출된다는 것을 보임에 의해 원래의 가정이 틀렸다는 것을 보이는 추론규칙인 귀류법(Reductio Ad Absurdum)을 사용한 것이다.

거짓말쟁이의 패러독스는 참이라고도 거짓이라고도 할 수 없는 평서문 형태의 문장이 쉽게 만들어질 수 있다는 것을 보인 것이다. BC 6세기 크레타 사람인 에피메니데스(Epimenides)와 BC 4세기경의 에우블리데스(Eubulides)의 거짓말쟁이 패러독스를 가장 대표적인 경우라 할 수 있다. 엄격히 말해 후자만이 진정한 의미의 거짓말쟁이의 패러독스라 할 수 있으므로 에우블리데스의 경우만을 살펴보겠다.

한 사람 a가 "(S) 지금 내가 하는 말은 거짓이다."라고 말했다. 한 문장이 평서문(declarative sentence)의 형태를 취하고 있으면 일반적으로 그 문장은 참이거나 거짓이어야 한다. S는 평서문의 형태를 띠고 있다. a가 한 말인 (S)는 참인가 거짓인가?

S가 참이면 S는 거짓이다. a가 한 말인 "지금 내가 한 말이 거짓이다"가 참이면, S의 내용을 긍정하는 것이므로 지금 a가 한 말인 S가 거짓이기 때문이다. 또한 S가 거짓이면 지금 a가 하는 말인 S가 거짓이 아니므로 S는 참이어야 한다. 이 책 1부의 2장에서 우리는 논증은 오직 명제들로 구성되어야 하고, 명제들은 참과 거짓일 수 있는 평서문에 국한되어야 한다는 것을 살펴보았다. 명제들만이 논증의 구성요소이어야 한다는 것은 S와 같은 거짓말쟁이의 문장과 밀접한 관계가 있다. S와 같은 거짓말쟁이의 문장은 참이라고도 거짓이라고도 할 수 없으므로 비록 평서문의 형태를 취하고 있지만, 논증의 구성요소인 명제로 취급될 수 없을 것이기 때문이다. 또한 거짓말쟁이의 문장을 논리적으로 다루려는 노력은 참, 거짓 외에 제 삼의 진리치를 인정하는 삼치논리와 다치논리를 탄생하게 하였다 할 수 있다.

중세시대

논리학의 발전에 크게 기여한 시대는 아니었으나 고대 그리스에서 이루어졌던 논리학에 대한 연구와 관심은 계속되었다. '스콜라논리학'이라 불리는 1200년대부터 1600년대 사이의 시기의 중세서구의 논리학은 기본적으로 아리스토텔레스의

논리와 비판적 사고·

논리학을 계승·발전한 것이라 할 수 있다. 특히 이 시대에 아래에 열거된 논리학 관련분야에 대한 논의들은 활발하게 진행되었다.

* 정언삼단논증을 포함한 아리스토텔레스 논리학에 대한 체계적 연구
* 양상논리에 대한 연구
* 거짓말쟁이의 패러독스에 대한 관심과 연구

한 가지 특기할만한 사실은 이 시기에 서구 외에 중동에서 논리학 분야에 대한 연구가 활발했다는 것이다. 당시 이슬람 세계에서 주된 논리학 체계인 아비센나 논리학은 스토아논리학을 이어받아 명제논리에 대한 연구가 활성화되었다. 가언삼단논증이나 조건문과 관련된 추론규칙들에 대한 연구가 그 대표적인 예라 할 수 있다. 이 외에도 이 당시 중동에서는 시제논리를 포함한 양상논리에 대한 연구와 함께 귀납논리를 체계화하려는 초기형태의 시도가 있었다.

근세시대

일반적으로 14세기부터 19세기 초반에 이르는 시기는 논리학에 대한 연구나 발전이 빈약했던 시기로 취급되고 있다. 그러나 아래에서 볼 수 있듯이 이 시기에도 논리학사의 측면에서 주목할 만한 논리적인 연구와 업적이 있었다.

* *Port-Royal Logic*과 같은 논리학 교과서들의 출간
* F. Bacon(1561~1626): (과학적 탐구의 방법으로서) 귀납적 추론과 귀납적 방법의 강조
* Leibniz(1646~1716): 논리적 연산체계를 수립하려는 시도
* John S. Mill(1806~1873): 인과논증에 대한 연구

1662년에 출간되어 8쇄를 거듭한 *Port-Royal Logic*은 19세기에 이르기까지 서구 사상에 가장 큰 영향을 끼친 대표적인 논리학교과서라 할 수 있다. 아리스토텔레스의 논리학적 전통을 계승한 이 책에서는 최초로 외연개념과 내포개념이 소개되고 있다.

또한 1620년에 발간된 베이컨의 *Novum Organum*에서는 관찰을 통해 얻어진 정보를 모아 이를 통해 일반적인 법칙을 도출해내는 귀납추론과 과학적 방법이 강조되고 있고, 근세 독일의 철학자 라이프니츠는 비록 주목받지는 못 했지만 수학에서의 증명체계와 유사한 논리연산의 체계를 수립하려 시도하였다. 이외에도 존

26장. 논리학의 발달 과정

스튜어트 밀은 1843년에 발간된 《논리학체계 *A Systems of Logic*》에서 이 책의 4부에서 다룬 인과관계를 밝히는 다섯 가지 방법을 소개하고 있다.

19세기 이후

14세기부터 19세기에 걸친 논리학의 침체기를 거쳐 19세기 후반부터 논리학에 대한 연구가 활성화된다. 이 시기에 아래에 열거된 프레게나 러셀과 같은 철학자, 수학자, 논리학자들의 연구와 노력에 의해 논리학은 현재의 모습을 갖추게 된다. 이 책에서 다루어지고 있는 내용도 이들에 의해 체계화된 현대의 논리학의 기초적인 내용 중 논증과 이에 대한 평가방법과 관련된 것을 정리한 것이라 할 수 있다.

아래에 열거된 사람들이 19세기 이후 현대 논리학이 현재의 체계를 구축하는 데 크게 기여한 대표적인 학자들의 일부이다.

De Morgan- DeMorgan의 법칙
Boole- 불대수학 Boolean Algebra
Peirce- 수학적 귀납
Venn- Venn 도식

Frege(1848~1925)- 논리주의, 술어논리의 기초 확립
Russell- 논리주의, 러셀의 패러독스

Gödel- 완전성의 정리, 불완전성의 정리
Tarski- '진리'에 대한 인공언어에서의 정의

Carnap- 논리실증주의
D. Lewis- 상대역 이론
Kripke- 양상논리의 의미론

1847년에 대수학의 고전인 *Mathematical Analysis of Logic*을 발간한 불과 드몰간의 법칙의 드몰간 그리고 벤도식으로 유명한 벤과 퍼스 등은 논리적인 관계를 대수학의 수식으로 나타내는 방안을 고안해내었다.

러셀과 프레게는 대수학을 논리학으로 환원하려는 시도인 논리주의를 추구했던 대표적인 학자이다. 이들이 시도한 논리주의는 결국 실패하였지만 이들에 의

해 기호논리학이 기본적인 체계를 갖추게 되었다고 할 수 있다.

    괴델과 타르스키는 완전성의 정리 등 논리학 체계 자체의 완전성 등을 다루는 논리학에 대한 논리학인 메타논리학의 확립에 크게 기여한 학자들이다.

    카르납과 루이스 크립키 등은 양상논리에 대한 연구 특히 양상논리의 의미론에 대해 의미 있는 연구를 수행한 대표적 철학자들이다.

    끝으로 이 책의 내용을 고려할 때, 논리학의 발전과 관련하여 반드시 지적해야만 할 한 가지 중요한 사항에 대해 언급하겠다. 이 책의 2부에서 우리는 정언논리에 대해 3부에서는 명제논리에 대해 공부했다. 정언논리는 주어개념과 술어개념 사이에 성립하는 논리적 관계를 나타내는 정언명제들로 구성된 논증들을 다루는데 적합한 논리체계이고 명제논리는 단칭명제와 복합명제로 구성된 논증을 다루는데 적합한 논리체계이다. 프레게에 의해 체계가 확립된 술어논리는 정언논리와 명제논리가 한 체계 내에서 함께 다루어질 수 있는 논리체계이다. 이외에도 술어논리에서는 개체들 사이의 관계를 나타내는 명제들로 구성된 논증도 다루어질 수 있고 수와 양이 표현될 수 있다. 술어논리의 이러한 특징 때문에 20세기 초의 논리실증주의자들은 과학명제들을 술어논리로 표현하고자 했고, 다양한 논리체계들의 기초가 되는 논리체계라는 의미에서 술어논리는 기초논리로 취급된다. 프레게 등에 의해 체계가 확립된 술어논리의 중요성과 다른 논리체계들과의 관계에 대해서는 다음 장에서 다루어질 것이다.

26장. 논리학의 발달 과정

연습문제

1. 논리학의 발전과정을 5줄 이내로 요약하라.

2. 아킬레스와 거북이의 패러독스를 논증으로 구성하라.

3. 경주자의 패러독스, 화살의 패러독스, 복수성의 패러독스가 무엇인지를 설명하라.

4. 거짓말쟁이의 패러독스가 왜 역설적인지를 설명하라.

에듀컨텐츠·휴피아
Educontents·Huepia

27장. 명제논리의 한계

우리는 2부와 3부에서 각기 정언논리와 명제논리에 대해 학습했다. 정언논리는 논증을 구성하는 모든 명제들이 집합과 집합 사이의 관계를 나타내는 정언명제들로 구성된 논증들을 다루는데 매우 효과적인 연역논리체계이다. 또한 명제논리는 개체들의 속성이나 관계를 나타내는 단칭명제들로 구성된 논증들을 다루는 효과적인 연역논리체계이다. 대부분의 논리학자들은 술어논리(Predicate Logic)와 함께 명제논리를 가장 기초적인 연역논리체계로 보고 있다. 양상논리, 다치논리 등의 다양한 다른 논리체계들은 명제논리와 술어논리를 기초로 해서 이들이 확장되거나 이들로부터 파생된 논리체계이기 때문이다. 이러한 이유로 명제논리와 술어논리는 기초논리라 불린다.

명제논리와 술어논리 사이의 가장 큰 차이점 중 하나는 표현의 기본 단위에서 나타난다. 명제논리에서는 표현의 기본 단위가 단문(단칭명제, 원자명제)이다. 이에 반해 술어논리에서는 표현의 기본 단위가 명제 자체가 아니고, 명제를 구성하는 주어와 술어가 구분되어 각기 다르게 표현되어야 한다.

보아는 가수이다.

명제논리에서는 표현의 기본 단위가 단문이므로 "보아는 가수이다"는 하나의 문장기호가 사용되어 아래처럼 기호화된다.

A

반면에 술어논리에서는 주어인 '보아'와 술어인 '가수이다'가 각기 구분되어 표현되어야 하므로 'a'가 주어인 '보아'를, 'S'가 술어인 '가수이다'를 나타낸다면 '보아는 가수이다'는 아래처럼 기호화된다.

Sa

논리와 비판적 사고 ·

명제논리의 한계

 명제논리는 주어가 고유명사이고 술어는 주어가 지시하는 개체가 소유하는 속성이나 관계를 나타내는 명제들로 구성된 논증들을 포함하여 일정한 형식의 논증들이나 명제들은 다루는 데 매우 효과적인 논리체계이다. 그러나 표현의 기본 단위가 단문이라는 명제논리의 특성은 다양한 다른 형식들의 논증이나 명제들을 다루는 데 한계로 작용한다. 명제논리의 근본적인 한계들은 아래의 세 가지로 정리될 수 있다.

1. 명제논리의 한계
 ① 일부의 동어반복의 명제들이 적절히 **표현될 수 없다.**
 ② 개체들 사이의 관계를 나타내는 명제들이 적절히 **표현될 수 없다.**
 ③ 정언명제들이 적절히 **표현될 수 없다.**

 1에 정리된 세 가지는 명제논리의 대표적인 한계들로서 단문을 표현의 기본 단위로 취급하는 명제논리의 특성으로부터 야기된 것이다.

 ① 명제논리는 일부의 동어반복의 명제를 표현할 수 없다.

 하나의 예를 통해 그 이유를 살펴보겠다.

 금성은 금성이다.

 명제논리에서 앞의 문장은 하나의 문장기호(예를 들어 A)를 사용하여 번역되어야 한다. 앞의 문장은 단문의 형태를 띠고 있고, 명제논리에서 표현의 기본 단위는 단문이기 때문이다. 명제논리에서 하나의 문장기호 A는 우연명제로 취급되어야 한다. 형식논리의 일종인 명제논리에서 한 명제의 논리적 성격은 그 명제의 내용이 아니라 형식에 따라 결정되기 때문이다. 그러나 앞의 문장은 동일성을 나타내는 동어반복의 명제로서 거짓일 가능성이 없는 명제이므로 논리적 진실의 명제이다. 따라서 이 문장과 같은 동어반복의 명제에 대한 명제논리에서의 번역은 논리적 진실의 명제가 우연명제로 표현되는 바람직하지 못한 결과를 야기한다고 할 수 있다.

27장. 명제논리의 한계

② 개체들 사이의 관계를 나타내는 명제들로 구성된 논증들을 표현할 수 없다

개체들 사이의 관계를 나타내는 명제들로 구성된 논증을 통해 그 이유를 살펴보겠다.

P1 마이클 조던은 송중기보다 키가 크다.
P2 송중기는 보아보다 키가 크다.
───────────────────────
ⓒ 마이클 조던은 보아보다 키가 크다.

앞의 논증의 전제 P1, P2와 결론인 ⓒ는 모두 단문의 형태를 취하고 있다. 따라서 아래는 앞의 논증에 대한 명제논리에서의 번역이다.

A
B
───
C

앞의 논증에 대한 명제논리에서의 번역(기호화)은 타당한 논증형식이 아니다. A와 B가 모두 T이고 C가 F인 가능성(진리표 상의 두 번째 줄)이 있기 때문이다. 그러나 P1과 P2가 모두 참이고 ⓒ가 거짓일 가능성이 없으므로 원래의 논증은 타당한 논증이다. 따라서 관계를 나타내는 명제들로 구성된 논증을 명제논리에서 번역할 경우 타당한 논증이 타당하지 않은 논증으로 표현되게 된다.

③ 정언명제들로 구성된 논증들을 표현할 수 없다

정언명제란 주어와 술어가 지시하는 두 집합의 관계를 나타내는 명제이다.

P1 모든 사람은 포유동물이다.
P2 길동이는 사람이다.
───────────────────────
ⓒ 길동이는 포유동물이다.

전제들 중 하나인 P1이 정언명제인 앞의 논증은 타당하다. 전제 P1에 따르면 사람의 집합의 모든 원소들은 포유동물의 집합의 원소이고, P2에 따르면 길동이

논리와 비판적 사고·

는 사람의 집합의 한 원소이므로 길동이는 반드시 포유동물의 집합의 한 원소일 것이기 때문이다. 그러나 앞의 논증을 명제논리로 번역할 경우 앞의 논증은 타당한 논증이 아니라는 결과가 야기된다.

명제논리에서 P2와 ⓒ는 주어명사가 고유명사인 단문이므로 각기 하나의 문장기호를 사용하여 번역될 수 있다. 이에 반해 P1은 집합을 나타내는 주어명사와 역시 집합을 나타내는 술어부로 구성되어 있는 정언명제이다. P1은 하나의 주어명사와 하나의 술어부로 구성되어 있으므로 만약 P1을 P2와 같은 형식의 단문으로 간주하여 원자명제로 취급한다면 아래는 앞의 논증에 대한 명제논리에서의 번역이라 할 수 있다.

$$L$$
$$M$$
$$\overline{}$$
$$E$$

앞의 논증에 대한 명제논리에서의 번역은 타당한 논증형식이 아니다. 결국 정언명제가 포함된 논증에 대한 명제논리에서의 번역은 타당한 논증을 타당하지 않은 논증으로 만든다는 바람직하지 못한 결과를 야기한다.

명제논리에서 이러한 문제를 해결하기 위해서는 주어명사가 나타내는 집합에 속한 모든 개체를 지시하는 고유명사들이 주어인 명제들을 '&'로 연결한 문장으로 P1을 기호화하여야 한다. 만약 'a, b, c, ⋯, z'이 사람이라는 집합을 구성하는 모든 원소들이라면 P1에 상응하는 표현은 (a)일 것이다.

(a) a는 포유동물이다. & b는 포유동물이다. & ⋯ & z는 포유동물이다.

(a')은 (a)에 대한 명제논리에서의 번역이라 할 수 있다.

(a') A&B&C& ⋯ &Z

정언명제 P1을 (a')으로 번역하면 정언명제를 포함하고 있는 앞의 논증이 타당한 논증이라는 것이 설명될 수 있다.

27장. 명제논리의 한계

```
A&B&C& ... &Z
       M
─────────────
       E
```

P1은 사람의 집합을 구성하는 각각의 원소들이 모두 포유동물이라는 것을 나타내고 있으므로 (a)를 구성하는 연언들은 반드시 '길동이는 포유동물이다'라는 단문(단칭명제)에 대한 번역을 포함하고 있어야 한다. 따라서 P1을 (a')로 번역한 위의 논증형식은 타당한 논증형식이다.

그러나 이러한 방식은 명제논리에서 가능한 방식이라 할 수 없다. 정언명제 P1에 대한 (a')와 같은 번역이 가능하기 위해서는 사람이라는 집합을 구성하는 원소들의 완벽한 리스트가 요구되는데 사람의 수는 무한에 가까울 것이고, 또한, 엄격하게 말해서 (a')는 사람의 집합을 구성하고 있는 원소들 각각에 대해서만 언급하고 있으므로 정언명제 P1과 동일한 의미의 표현이라 할 수 없기 때문이다.

논리와 비판적 사고·

연습문제

1. 명제논리가 무엇인지를 설명하고 명제논리의 한계에 대해 논하라.

28장. 술어논리의 핵심적 내용

3부에서 보았듯이 명제논리는 표현의 기본 단위가 단문의 형태인 단칭명제(원자명제)이고 이들에 부여된 진리치와 연결사들의 진리함수적 성격에 의존하여 타당성 등 논리학의 기본 개념들을 검증하는 체계이다. 또한 앞장에서 보았듯이 명제논리의 이러한 특성은 명제논리의 한계로 작용하고 있다. 술어논리에 대해 개괄적으로 살펴보기 전에 정언명제와 개체들 사이의 관계를 나타내는 명제들로 구성된 논증을 이용해 명제논리의 한계에 대해 다시 살펴보겠다.

1) P1 모든 남자는 길순이보다 키가 크다.
　　P2 길순이는 길남이보다 키가 크고 길남이는 순희보다 키가 크다.
　　─────────────────────────────
　　ⓒ 모든 남자는 순희보다 키가 크다.

P1과 ⓒ는 정언명제이고 P2는 연언명제이므로 앞의 논증은 명제논리에서 아래처럼 기호화될 수 있다.

　　　A
　　　B&C
　　　─────
　　　D

그러나 앞의 논증 1)을 기호화한 논증형식은 타당한 논증형식이 아니다. 명제논리에서 전제 P1과 결론 ⓒ는 일종의 원자명제로, 전제 P2는 두 개의 원자명제로 구성된 분자명제로 취급되어야 할 것이기 때문에 A, B, C가 모두 T이고 D가 F일 가능성(진리표 상의 둘째 줄)이 있기 때문이다. 그러나 원래의 논증은 연역적으로 타당하다. 모든 남자는 길순이 보다, 길순이는 길남이 보다, 길남이는 순희보다 키가 크고, '키가 크다'는 관계는 이행성의 관계이므로 모든 남자는 순희보다 크다는 것이 전제들로부터 필연적으로 도출되기 때문이다. 논증 1)에 대한 명제논리에서의 번역이 이처럼 만족스럽지 못한 결과를 야기하는 것은 명제논리에서 번역의 기본 단위가 단문이고 논증의 타당성 여부가 이들로 구성된 전제들과 결론 사이의 형식적 관계에 의해 결정되기 때문이다. 그러나 앞에서 보았듯이 논증 1)이 타당한 이유는 단문으로 구성된 전제들과 결론 사이의 형식적 관계에 있는 것이 아니라, 길순, 길남 그리고 순희와 남자들과 같은 개체들 사이에 성립하고 있는 '키가 크다'라는 관계에 달려 있다. 따라서 논증 1)이 타당한 논증이라는 것을 보이기 위해서는 '키가 크다'라는 관계를 소유하고 있는 개체들 사이의 관계가 드러날 수 있도록 논증을 구성하는 명제들이 번역되어야 한다. 이를 위해서는 번역의 기본 단위가 단문(단칭명제, 원자명제)이어서는 안 되고, 개체들 사이의 관계가 드러날 수 있도록 단문을 구성하고 있는 부분들에 대한 번역이 이루어져야 한다. 술어논리에서는 표현의 기본 단위가 명제 자체가 아니고 명제를 구성하고 있는 부분들이다. 따라서 술어논리는 개체들이 소유한 속성이나 개체들 사이의 관계가 드러날 수 있게 표현할 수 있는 논리체계라 할 수 있다.

술어논리 PL(Predicate Logic)은 아래의 기호들로 구성된다.

1. 〈술어논리(PL)의 구성요소〉
   PL의 모든 식은 아래에 열거되는 기호들의 조합으로 이루어진다.
   문장연결사(Connectives): ~, &, ∨, →, ↔
   괄호(Parenthesis): (,)
   개체상수(Individual Constants): a, b, ⋯, t, a', b', ⋯, t', a", b", ⋯
   개체변수(Individual Variables): u, v, ⋯, z, u', v', ⋯, z', u", v", ⋯
   술어기호(Predicate Symbol): A, B, C ⋯, Z, A', B', ⋯, Z', A", B", ⋯
   양화기호(Quantifier): ∃, ∀

술어논리의 모든 식은 1에 열거된 기호들의 조합으로 이루어진다. 문장연결사, 괄호는 명제논리에서와 동일한 의미와 기능을 가지고 있다. 단지 괄호의 경우 이러한 기능 외에 양화사를 형성하는 기능이 추가된다. 개체상수는 어떤 하나의 대상을 지시하는 언어적 표현을 대신하는 역할을 한다. 하나의 대상을 지시하는 언어적 표현들은 대체로 아래의 두 가지로 구별된다.

2. 하나의 대상을 지시하는 언어적 표현들
   ⅰ) 고유명사: 클린턴, 김대중, 남대문, 서울 등
   ⅱ) 한정지시구: 힐러리의 남편, 현재의 프랑스의 왕 등

2에서 '클린턴'과 같은 고유명사들은 한 구체적인 대상의 이름으로서 그 구체적인 대상을 지시하고 있다. 반면에 '힐러리의 남편'과 같은 한정지시구는 구체적인 대상의 이름은 아니지만, 구체적인 한 대상을 지시하는 언어적 표현이다. 따라서 아래의 두 문장에서 '김대중'과 '힐러리의 남편'이라는 표현은 모두 개체상

28장. 술어논리의 핵심적 내용

수로 번역될 수 있다.

김대중은 한국의 대통령이다.
힐러리의 남편은 미국의 대통령이다.

'김대중'은 한국의 7대 대통령인 구체적 대상을 지시하는 고유명사이고, '힐러리의 남편'은 르윈스키와 염문을 뿌린 미국의 대통령인 구체적 대상을 지시하는 한정지시구이다. '김대중'과 '힐러리의 남편'은 서로 다른 구체적인 대상들을 지시하는 언어적 표현들이므로 앞의 두 문장은 개체상수를 사용하여 아래처럼 번역될 수 있다.

a는 한국의 대통령이다.
b는 미국의 대통령이다.
(*주어만을 번역한 것이므로 완전한 번역이 아니다.)

앞의 두 문장에서 '김대중'과 '힐러리의 남편'은 각기 다른 대상들을 지시하고 있으므로 서로 다른 개체상수가 사용되었다. 개체상수와 관련된 설명에 있어서 몇 가지 주의할 점들이 있다. 우선 개체상수에 대한 앞의 설명에 따르면, 개체상수들은 구체적인 물리적 개체가 아니라 대상을 지시하는 언어적 표현을 대신하는 기능을 하는 것으로 취급되고 있다. 이처럼 개체상수가 지시하는 대상을 물리적 개체들에 국한시키지 않고 막연한 표현인 대상으로 포괄적으로 규정하는 이유는 술어논리에서 표현될 수 있는 명제들의 범위를 물리적 개체들에 관한 것에 한정시키지 않기 위해서이다. 논리학이 물리적 개체들의 성질이나 이들 사이의 관계에 관한 명제만이 아니라 수와 같은 추상적 대상들도 취급할 수 있기 위해서는 개체상수가 지시하는 대상들의 범위가 물리적 개체들에 국한되지 않도록 확장되어야 한다. 개체상수에 대한 설명에서 '물리적 개체' 대신에 '대상'이라는 표현을 사용하는 이유는 이러한 목적을 위해서이다. 따라서 '2 + 3 = 5'와 같은 대수의 명제도 'a+b=c'처럼 기호화될 수 있다. 둘째로, 개체상수에 대한 앞의 설명에 따르면 '힐러리의 남편'과 같은 한정지시구도 하나의 구체적 대상을 지시하는 언어적 표현이므로 하나의 개체상수가 이를 대신할 수 있다. 그러나 그 지시대상이 없을 경우에 논리적 문제가 야기될 수 있다고 본 러셀(B. Russell)과 같은 일부 철학자들에 의해 한정지시구를 일종의 존재양화문장으로 취급할 수 있는 방식이 개발되었다. 만약 한정지시구를 러셀처럼 존재양화문장으로 취급한다면 개체상수는 한정지시구를 대신할 수 없다. 이와 관련해서는 손병홍의 〈논리학-명제논리와 술어논리〉를 참조하라.

논리와 비판적 사고 ·

술어기호들은 영어나 국어와 같은 자연언어에서 대상들의 속성이나 대상들 사이의 관계들을 나타내는 표현(술어)들을 대신하는 기능을 한다. 구체적인 예를 통해 이를 살펴보겠다.

2) (i) 철수는 사람이다.
   (ii) 철수는 순희를 사랑한다.
   (iii) 서울은 평양과 대전 사이에 있다.

2)에서 개체상수로 번역될 수 있는 부분들을 공백으로 남기면 3)를 얻게 된다.

3) (i) _①는 사람이다.
   (ii) _①는 _②를 사랑한다.
   (iii) _①는 _②와 _③사이에 있다.

3)의 (i)에서의 '_①는 사람이다'는 속성을 나타내는 술어이고, (ii)에서의 '_①는 _②를 사랑한다.'는 ①의 공백에 대입되는 표현이 지시하는 대상의 ②의 공백에 대입되는 표현이 지시하는 대상에 대한 관계를 나타내는 술어이고, (iii)에서의 '_①는 _②와 _③ 사이에 있다'는 ①과 ②와 ③의 공백에 대입되는 표현이 지시하는 세 대상들 사이의 관계를 나타내는 술어이다. 대상들을 지시하는 표현들을 제거하여 얻게 되는 공백의 수에 따라 술어들이 구분될 수 있다. 3)의 (i)은 1자리 술어이고, (ii)는 2자리 술어이며, (iii)은 3자리 술어이다. 한 술어가 여러 대상들 사이의 관계를 나타낼 수 있으므로 이론상으로는 10자리 술어기호도 100자리 술어기호도 가능하다. 1자리 술어에는 '~는 사람이다', '~는 동물이다'와 같이 대상들의 속성을 나타내는 술어들이 포함된다. 이에 반해 2자리 이상의 술어들은 대상들 사이의 관계를 나타내는 술어들이다. 술어논리 PL에서는 술어기호들이 자연언어에서의 술어들을 대신한다. 따라서 3)은 임의의 술어기호 A, B, C 등을 사용하여 아래처럼 기호화될 수 있다.

(i) Aa
(ii) Bab
(iii) Ccde

앞에서 A는 "~는 사람이다"를, B는 "~는 …를 사랑한다."를, C는 "~는 …와 -사이에 있다"를 나타내고 있다. 자연언어의 표현인 3)과 달리 술어논리에서의 기호화인 앞의 식에서는 술어기호가 제일 앞에 위치하고 술어기호의 뒤에 대상들

28장. 술어논리의 핵심적 내용

을 지시하는 개체상수들이 순서대로 위치하게 된다. 2자리 이상의 술어기호가 사용될 경우 개체상수가 어느 위치를 차지하느냐는 매우 중요하다. 한 예로 (ii)에서 a가 '철수'를 b가 '순희'를 나타내므로, 'Bba'는 '철수가 순희를 사랑한다.'가 아닌 '순희가 철수를 사랑한다.'는 명제에 대한 번역이 된다.

앞에서 보았듯이 개체상수들은 하나의 대상을 지시하는 언어적 표현들을 대신하는 역할을 한다. 따라서 술어논리에서 구체적인 한 대상의 이름들이나 한정지시구들이 개체상수로 번역될 수 있다.

개체상수와는 달리 개체변수들은 구체적인 하나의 대상을 지시하는 역할을 하지 않는다. 따라서 개체변수는 한 대상의 이름이나 한 구체적인 대상을 지시하는 한정지시구들을 대신할 수 없다. 개체변수는 구체적인 하나의 대상을 지시하는 언어적 표현을 대신할 수는 없지만, 구체적 대상을 지시하는 언어적 표현들이 개체변수에 대입될 수 있다

x는 대통령이다.

앞에서 개체변수 x는 구체적인 대상을 지시하지 않지만 구체적인 한 대상을 지시하는 어떤 언어적 표현들도 x에 대입될 수 있다. 아래는 개체변수 x에 구체적 대상을 지시하는 언어적 표현들이 대입된 예들이다.

4) (ⅰ) '메리'는 대통령이다. (여기서 메리는 한 강아지의 이름이라고 가정)
   (ⅱ) '김대중'은 대통령이다.
   (ⅲ) '트럼프'는 대통령이다.
   (ⅳ) '이주일'은 대통령이다.

4)에서 볼 수 있듯이 개체변수에는 대상을 지시하는 언어적 표현들이 대입될 수 있지만 어떤 언어적 표현이 대입되는가에 따라 전체 문장의 진위는 달라질 수 있다. 4)의 (ⅰ)과 (ⅳ)는 거짓인 반면에 (ⅱ)와 (ⅲ)은 참이다. (ⅱ)에서의 '김대중'처럼 개체변수에 대입되었을 때 전체 문장이 참이 되었을 경우, 그 대입된 언어적 표현은 변수 x에 대한 적절한 대입 예라고 할 수 있다. 'x는 대통령이다'라는 표현의 변수 x에 대한 적절한 대입 예들은 아래와 같이 집합으로 표시될 수 있다.

{이승만, 김대중, 김영삼, 트럼프, 클린턴 ...}

217

논리와 비판적 사고·

이어서 관계를 나타내는 표현에 대해 살펴보겠다.

x는 y보다 크다.

앞의 표현에서는 두 개의 개체변수가 사용되고 있다. 변수 x와 y에는 대상을 지시하는 어떠한 언어적 표현도 대입될 수 있다. 아래는 앞의 표현 'x는 y보다 크다'의 변수들에 대한 대입 예들이다.

(ⅰ) 2는 3보다 크다.
(ⅱ) 4는 2보다 크다.
(ⅲ) 4는 4보다 크다.
(ⅳ) 마이클 조던은 보아보다 크다.

(ⅰ)과 (ⅲ)은 거짓이다. 반면에 (ⅱ)와 (ⅳ)는 참이고, 따라서 '4'와 '마이클 조던'은 x에 대한, '2'와 '보아'는 y에 대한 적절한 대입 예들이다. 'x는 y보다 크다'의 변수 x와 y에 대한 적절한 대입 예들은 아래와 같이 집합으로 표현될 수 있다.

{⟨4, 2⟩, ⟨마이클 조던, 보아⟩, … }
(* '⟨ ⟩'는 순서쌍을 나타내고 있다. 따라서 ⟨4, 2⟩에서 4는 x의 대입 예를 2는 y의 대입 예를 나타내고 있다.)

'~는 대통령이다'를 술어기호 P로, '~는 …보다 크다'를 술어기호 T로 대체하면 'x는 대통령이다'와 x는 y보다 크다'는 술어논리에서 각기 아래처럼 번역된다.

(ⅰ) Px
(ⅱ) Txy

앞의 (ⅰ)과 (ⅱ)는 모두 참도 아니고 거짓도 아니다. 개체변수 x와 y는 구체적인 대상을 지시하는 것이 아니고, 단지 구체적 대상을 지시하는 언어적 표현들이 대입될 수 있는 위치를 차지하고 있는 허수아비 기호에 불과하기 때문이다. 따라서 x와 y에 개체상수 a와 b가 대입되었을 경우인 'Pa'와 'Tab'는 참·거짓이 결정

28장. 술어논리의 핵심적 내용

될 수 있는 명제인 반면에 'Px'와 'Txy'는 어떤 의미 있는 내용을 진술하는 명제가 아니다. 개체변수들은 구체적인 대상을 지시하는 역할을 하지 않고, 단지 구체적인 대상을 지시하는 언어적 표현들이 대입될 수 있는 위치를 차지하는 허수아비 기호에 불과하지만, 개체변수들의 이러한 특성은 일반화의 표현을 용이하게 한다.

구체적 대상을 지시하는 언어적 표현과 술어로 구성된 모든 명제들은 개체상수와 술어기호를 사용하여 술어논리에서 기호화될 수 있다. 그러나 자연언어는 개체상수와 술어기호만을 사용하여 기호화될 수 없는 명제들을 포함하고 있다.

5) (i) 길동이는 사람이다.
   (ii) 어떤 (적어도 하나의) 대상은 사람이다.
   (iii) 모든 대상은 사람이다.

5)의 (i)에서 '길동이'는 하나의 구체적 대상을 지시하는 고유명사이다. 따라서 '길동이'를 a로 '~는 사람이다'를 P로 나타내면 5)의 (i)은 'Pa'로 술어논리로 번역될 수 있다. 그러나 5)의 (ii)와 (iii)은 개체상수와 술어기호만으로 술어논리로 기호화될 수 없다. '어떤 대상'이나 '모든 대상'이라는 표현은 하나의 구체적 대상을 지시하는 언어적 표현이 아니기 때문이다. '어떤'이나 '모든' 같은 표현은 일정한 속성이나 관계들을 가진 대상들의 양을 규정하기 위해 사용되는 용어로서 양적 용어(Quantity Term)라 불린다. '모든'과 '어떤' 이외에 '적어도 하나의', '아무도'와 같은 표현들과 영어에서의 'all', 'none', 'something', 'everything', 'someone', 'no one', 'everyone' 등이 양적 용어에 속한다. 양화기호들은 양적 용어들이 포함된 명제들을 술어논리에서 기호화하기 위해 사용된다.

3. 양화기호들의 의미
  ∀ (보편양화기호): '모든'이나 'all'의 의미를 가진다.
  ∃ (존재양화기호): '적어도 하나의'나 '어떤', 'some'의 의미를 가진다.

3에서 보듯이 보편양화기호(Universal Quantifier) '∀'는 '모든'이나 'all'의 의미로 사용된다. 반면에 존재양화기호(Existential Quantifier) '∃'는 '적어도 하나의'나 '어떤', 'some'의 의미로 사용된다. '∀'와 '∃' 두 양화기호는 개체변수들과 결합하여 양적 용어들이 포함된 명제들을 표현하는 기능을 수행하고 있다. 이를 알아보기 위해 5)의 (i)을 살펴보겠다.

앞에서 보았듯이 5)의 (i)에 대한 술어논리에서의 번역은 'Pa'이다. 'Pa'는 a가 지시하는 구체적 대상인 길동이가 P가 나타내는 술어인 '사람이다'라는 속성을 가지고 있다는 의미이다. 아래는 5)의 (i)에 대한 번역에서 개체상수 'a'를 개체변수 'x'로 대체하여 얻어진 것이다.

Px

앞에서 언급했듯이 x는 개체변수이므로 구체적 대상을 지시할 수 없고, 따라서 'Px'는 그 자체로서는 참도 거짓도 아니다. 그러나 변수 x에는 모든 대상을 지시하는 표현들이 대입될 수 있으므로 'Px'는 아래처럼 해석될 수 있다.

대상 x는 P(사람)이다.

앞의 식에서 x는 구체적 대상을 지시하지는 않지만 대상을 지시하는 모든 표현들이 대입될 수 있으므로, P라는 속성을 지니고 있는 대상들의 범위가 x의 범위를 규정함에 의해 주어질 수 있다.

① 적어도 하나의 대상 x는 P이다(적어도 하나의 대상 x에 대해서, x는 P이다.).
② 모든 대상 x는 P이다(모든 대상 x에 대해서 x는 P이다.).

①은 '우주 속의 적어도 하나의 대상은 사람이다'라고 x의 대상들을 규정하고 있고, ②는 '우주 속의 모든 대상들이 사람이다'라는 규정을 하고 있다. '적어도 하나'와 '모든'은 P라는 속성을 가진 대상들의 범위를 x를 규정함에 의해 나타내고 있다.

3에서 보았듯이 '∃'는 '적어도 하나의'의 의미를, '∀'는 '모든'의 의미를 가지고 있고, 이들은 개체변수와 결합하여 대상들의 양을 규정하는 역할을 하고 있다. 따라서 문제가 되는 속성이나 관계를 가진 대상들의 범위가 대상들 전체일 경우 '∀'과 하나의 개체변수가 결합된 식에 괄호를 한 '(∀x)'(여기서 어떤 변수가 사용되어도 된다.)로 표현된다. 반면에 적어도 하나의 대상이 문제가 되는 속성이나 관계를 가지고 있다고 규정하기 위해서는 '∃'와 하나의 개체변수가 결합된 식에 괄호를 한 '(∃x)'로 표현된다. x와 y는 대상을 지시하는 모든 언어적 표현들이 대입될 수 있는 개체변수이므로 (∀x)와 (∃x)는 아래와 같이 해석될 수 있다.

4 〈양화사〉
　　보편양화사 (∀x): 모든 대상 x에 대해서
　　존재양화사 (∃x): 어떤 대상 x에 대해서

28장. 술어논리의 핵심적 내용

4를 이용하면 ①과 ②는 쉽게 술어논리로 번역될 수 있다. 아래는 ①과 ②에 대한 술어논리에서의 번역이다.

①' (∃x)Px
②' (∀x)Px

①'은 '우주 속의 적어도 한 대상은 사람이다'라는 참인 주장을 하고 있는 명제이다. 이에 반해 ②'는 우주 속의 모든 대상이 모두 사람이라는 거짓 주장을 하고 있다. 여기서 한 가지 주의할 점은 양화사에서의 변수와 양화되어지는 식에서의 변수가 동일한 한에 있어서 어떤 개체변수가 사용되어도 무방하다는 것이다. 따라서 '(∃y)Py', '(∃z)Pz' 등은 '(∃x)Px'와 마찬가지로 ①에 대한 타당한 번역이다. 반면에 '(∃x)Py'나 '(∃y)Px' 등은 적절한 번역이 아니다.

3부에서 보았듯이 정언명제들은 아래의 네 가지로 구분될 수 있다.

A (전칭긍정명제): 모든 S는 P이다. ex) 모든 토끼는 포유동물이다.
E (전칭부정명제): 모든 S는 P가 아니다. ex) 모든 토끼는 포유동물이 아니다.
I (특칭긍정명제): 어떤 S는 P이다. ex) 어떤 토끼는 포유동물이다.
O (특칭부정명제): 어떤 S는 P가 아니다. ex) 어떤 토끼는 포유동물이 아니다.

개체의 속성이나 관계를 나타내는 단칭명제와 마찬가지로 정언명제도 적절하게 술어논리로 번역될 수 있다. '모든 토끼는 포유동물이다'가 참이려면 포유동물이 아닌 토끼는 존재하지 않아야 하고 '모든 토끼가 포유동물이 아니다'가 참이려면 포유동물인 토끼는 존재하지 않아야 한다. 따라서 A 명제인 '모든 토끼는 포유동물이다'는 "모든 대상에 대해서 그것이 토끼이면 그것은 포유동물이다"와, E 명제인 '모든 토끼는 포유동물이 아니다'는 "모든 대상에 대해서 그것이 토끼이면 그것은 포유동물이 아니다"와 동일한 의미를 가진 것으로 해석될 수 있다. 또한 '어떤 토끼가 포유동물이다'가 참이려면 포유동물인 토끼가 적어도 한 마리는 존재해야 하고 '어떤 토끼는 포유동물이 아니다'가 참이려면 포유동물이 아닌 토끼가 적어도 한 마리는 존재해야 하므로 I 명제인 '어떤 (적어도 하나의) 토끼는 포유동물이다'는 "적어도 하나의 대상은 토끼이고 포유동물이다"와, O 명제인 '어떤 (적어도 하나의) 토끼는 포유동물이 아니다'는 "적어도 하나의 대상은 토끼이지만 포유동물이 아니다"와 동일한 의미를 가진 것으로 해석될 수 있다. 따라서 '~는 고래이다'를 S로, '~는 포유동물이다'를 P로 나타내면 정언명제에 대한 술어논리로의 기호화는 양화기호를 사용하여 아래처럼 정리될 수 있다.

5. A(전칭긍정): 모든 S는 P이다. 모든 고래는 포유동물이다.

   $(\forall x)(Sx \rightarrow Px)$: 모든 대상 x에 대해서, 만약 x가 고래이면 x는 포유동물이다.

   E(전칭부정): 모든 S는 P가 아니다. 모든 고래는 포유동물이 아니다.

   $(\forall x)(Sx \rightarrow \sim Px)$: 모든 대상 x에 대해서, 만약 x가 고래이면 x는 포유동물이 아니다.

   I(특칭긍정): 어떤(적어도 하나의) S는 P이다. 어떤(적어도 하나의) 고래는 포유동물이다.

   $(\exists x)(Sx \& Px)$: 적어도 하나의 대상 x에 대해서, x는 고래이고 포유동물이다.

   O(특칭부정): 어떤(적어도 하나의) S는 P가 아니다. 어떤(적어도 하나의) S는 P가 아니다.
   $(\exists x)(Sx \& \sim Px)$: 적어도 하나의 대상 x에 대해서, x는 고래이고 x는 포유동물이 아니다.

28장. 술어논리의 핵심적 내용

연습문제

1. 아래의 문장들을 술어논리로 기호화하라.
   a) 길동이는 영희를 사랑하지만 자기 자신을 사랑하지 않는다.
   b) 모든 철학과 학생들은 모든 죽은 철학자들을 존경하거나 어떤 살아있는 철학자를 두려워한다.
   c) 모든 철학자가 논리학자는 아니지만 모든 논리학자는 철학자이고 어떤 논리학자는 현상학자이다.
   d) 모든 사람은 포유동물이고 길동이는 사람인 포유동물이다.
   e) 포유동물이 아닌 사람은 존재하지 않는다.

2. 명제논리와 술어논리 사이의 차이점에 대해 논하라.

에듀컨텐츠·휴피아
Educontents·Huepia

29장. 술어논리의 장점

27장에서 우리는 명제논리는 근본적인 세 가지 한계를 안고 있다는 것에 대해 살펴보았다. 이들 세 가지 한계는 '일부의 동어반복의 명제들을 표현할 수 없다는 것'과 '개체들 사이의 관계를 나타내는 명제들을 표현할 수 없다는 것' 그리고 '정언명제들을 표현할 수 없다는 것'이다. 술어논리에서는 명제논리의 이러한 한계들이 쉽게 극복될 수 있다.

술어논리에서 동어반복의 명제는 어떻게 표현되는가?

27장에서 살펴본 동어반복의 문장 '금성은 금성이다'는 논리적 진실이다. 금성은 금성이 아닐 수 없을 것이기 때문이다. 그러나 명제논리로 이 문장을 표현할 경우 논리적 진실이 아니라 우연명제로 취급되어야 한다. 명제논리에서에서 '금성은 금성이다'는 단칭명제이므로 하나의 문장기호를 사용하여 표현되어야 하는데 명제논리에서 하나의 문장기호는 우연명제이기 때문이다.

'금성은 금성이다'라는 문장에 대한 술어논리에서의 번역은 이 문장이 우연명제가 아니라 논리적 진실이라는 것을 드러낸다. '='를 포함한 술어논리체계에서 이 문장은 'a=a' 같은 방식으로 번역되는데 'a=a'와 같은 문장은 =int(동일성 기호 도입법칙)이 적용되는 논리적 진실의 한 형식의 문장이기 때문이다.

술어논리에서 개체들 사이의 관계를 나타내는 문장은 어떻게 표현되는가?

27장에서 살펴보았듯이 아래와 같은 타당한 논증을 명제논리로 표현할 경우 타당한 논증이 아니라는 결과가 도출된다.

마이클 조단은 송중기보다 키가 크다.
송중기는 보아보다 키가 크다.
―――――――――――――――
마이클 조단은 보아보다 키가 크다.

📚 논리와 비판적 사고·

술어논리에서는 명제논리의 이러한 한계가 쉽게 극복될 수 있다. '마이클 조던'을 'a'로, '송중기'를 'b'로 '보아'를 'c'로 나타내고 '키가 크다'를 'B'로 나타낼 경우 앞의 논증은 술어논리에서 아래처럼 번역된다.

    Bab
    Bbc
    ―――――
    Bac

a가 b보다 키가 크고 b가 c보다 키가 크면 a는 c보다 키가 크다. 따라서 '키가 크다'라는 관계는 a의 b에 대한 관계와 b의 c에 대한 관계가 성립하면 a의 c에 대한 관계도 성립하는 이행성의 관계이다. 따라서 a, b와 c 사이에 성립하는 '키가 크다'라는 관계가 이행성의 관계라는 것이 새로운 전제로 추가되면 이 논증은 술어논리에서 아래처럼 표현된다.

    Bab
    Bbc
    (Bab&Bbc)→Bac
    ――――――――――
    Bac

아래의 증명에서 보듯이 '키가 크다'라는 관계가 이행성의 관계라는 전제가 추가된 앞의 논증형식은 타당한 논증형식이다.

①	Bab	전제(Ass)
②	Bbc	전제(Ass)
③	(Bab&Bbc)→Bac	전제(Ass)
④	Bab&Bbc	1,2 연언법칙(Conj)
⑤	Bac	3,4 전건긍정의 법칙(MP)

29장. 술어논리의 장점

술어논리에서 정언명제는 어떻게 표현되는가?

주어가 지시하는 집합과 술어가 지시하는 집합 사이의 관계를 나타내는 명제들이 정언명제들이다. 28장에서 보았듯이 정언명제들은 술어논리에서 적절히 표현될 수 있다. 하나의 예를 통해 이에 대해 살펴보겠다.

>모든 사자는 포유류이다.
>모든 포유류는 난태생이 아니다.
>―――――――――――――――
>모든 사자는 난태생이 아니다.

앞의 논증은 전제들과 결론이 모두 정언명제로 구성된 타당한 논증이다. 모든 사자가 포유류이고 모든 포유류가 난태생이 아니면 포유류인 사자도 난태생이 아닐 수밖에 없기 때문이다. 그러나 이 논증을 명제논리 표현하면 타당하지 않은 논증이 된다.

앞의 논증을 구성하는 문장들은 모두 단문의 형태를 취하고 있으므로 아래는 이 논증에 대한 명제논리에서의 하나의 번역이다.

>A
>B
>――
>C

그러나 앞에서 본 것처럼 앞의 논증형식은 타당한 형식이 아니다. A, B, C가 전혀 다른 원자명제이므로 A와 B가 참이고 C가 거짓일 가능성이 있기 때문이다.

술어논리에서는 명제논리의 이러한 한계가 극복될 수 있다. 앞장에서 볼 수 있듯이 술어논리에서는 모든 형식의 정언명제들이 양화기호를 사용하여 주어가 지시하는 대상들과 술어가 지시하는 대상들 사이의 관계가 드러나도록 표현될 수 있기 때문이다. '사자이다'를 'L'로, '포유류이다'를 'M'으로, '난태생이다'를 'Q'로 나타낼 경우 양화기호를 사용하여 이 논증은 술어논리에서 아래처럼 번역된다.

>(∀x)(Lx→Mx) (모든 개체 x에 대해, x가 사자이면 x는 포유류이다)
>(∀x)(Mx→~Qx) (모든 개체 x에 대해, x가 포유류이면 x는 난태생이 아니다)
>―――――――――――――――――――――――――――――――――
>(∀x)(Lx→~Qx) (모든 개체 x에 대해, x가 사자이면 x는 난태생이 아니다)

논리와 비판적 사고·

술어논리로 번역된 앞의 논증은 타당하다. 술어논리를 다룬 책들을 참고하면 이와 같은 논증들이 타당하다는 것이 쉽게 검증될 수 있다는 것을 알 수 있다.

앞에서 살펴보았듯이 술어논리에서는 명제논리의 한계들이 쉽게 극복된다. 또한 술어논리는 양적·수적인 관계 등이 표현될 수 있다는 장점을 가지고 있다. 따라서 술어논리는 수와 양이 표현될 수 있는 동시에 명제논리, 관계논리, 정언논리 등이 하나의 체계 속에서 종합적으로 다루어질 수 있는 논리체계이다.

이러한 맥락을 고려할 때 명제논리는 술어논리에 포함되고, 따라서 술어논리 안에서 다루어질 수 있는 논리체계에 불과하다 할 수 있다. 그러나 명제논리가 술어논리체계 속에서 다루어질 수 있다는 점이 명제논리의 불필요성을 함축하는 것은 아니다. 앞에서 언급했듯이 명제논리는 일정한 형식의 명제들로 구성된 논증들을 다룰 경우 가장 효과적이고 적합한 논리체계이기 때문이다. 또한 명제논리에서 다루어진 기본 개념들과 법칙들은 술어논리에서도 그대로 사용되고 있다. 따라서 명제논리에 대한 확실한 이해는 술어논리에 대한 효과적인 학습을 위해서 필수적으로 요구된다고 할 수 있다.

앞에서 언급했듯이 술어논리는 명제논리에 대비되는 명백한 장점을 지니고 있는 논리체계이다. 또한 명제논리의 한계를 극복하는 이러한 장점 이외에도 술어논리는 양화기호들을 사용하여 수와 양이 표현될 수 있다는 특징을 가지고 있다. 주지된 사실로서 술어논리의 이러한 특징과 장점은 초기의 논리실증주의자들로 하여금 '='를 포함한 술어논리를 과학을 기술하는 이상적인 과학언어의 기본으로 삼게 하였다.

29장. 술어논리의 장점

연습문제

1. 명제논리의 한계와 술어논리의 장점에 대해 논하라.

에듀컨텐츠·휴피아
Educontents·Huepia

30장. 술어논리의 한계와 다른 논리체계의 필요성

앞에서 언급했듯이 술어논리는 명제논리에 대비되는 명백한 장점을 지니고 있는 논리체계이다. 명제논리의 한계들이 술어논리에서는 극복될 수 있기 때문이다. 명제논리의 한계를 극복하는 이러한 장점 외에도 술어논리는 양화기호들을 사용하여 수와 양이 표현될 수 있다는 특징을 가지고 있다. 술어논리의 이러한 특징과 장점은 초기의 논리실증주의자들로 하여금 '='를 포함한 술어논리를 과학을 기술하는 이상적인 과학언어의 기본으로 삼게 하였다. 현재에도 술어논리는 명제논리와 함께 기초논리, 고전논리, 표준논리 등으로 불리며 대학 등에서 학생들에게 집중적으로 교육되고 있다.

그러나 술어논리가 누리고 있는 이러한 학문적 위상에도 불구하고 많은 논리학자들과 언어철학자들에 의해 기초논리인 술어논리와 명제논리의 한계나 문제점들이 지적되어 왔다. 이들의 지적은 대체로 두 가지로 구별될 수 있다. 첫째는 명제논리와 술어논리로 대표되는 기초논리는 일상에서 접하게 되는 다양한 논증들을 적절하게 다룰 수 있을 만큼 충분하지 못하다는 것이고, 둘째는 기초논리는 우리의 건전한 논리적 직관을 수용하지 못하며 따라서 부정확하다는 지적이다.

기초논리에 대한 이러한 두 가지 지적을 타당성 개념과 관련하여 살펴보겠다. 타당성의 정의에 따르면, 한 논증은 전제들이 모두 참이고 결론이 거짓일 가능성이 없으면 타당한 논증이고, 그럴 가능성이 있으면 타당하지 않은 논증이다. 따라서 논리학의 기본 개념들 중 하나인 타당성은 '가능성'이라는 양상 개념에 의존하여 정의되고 있는 셈이다. 타당성의 정의에서 볼 수 있듯이, 학문적인 담화에서는 물론 일상적인 담화에서도 양상 개념이 포함된 표현은 흔히 사용되고 있고 중요한 역할을 하고 있다. '2+3=5라는 명제는 필연명제이다'나 '송혜교가 유명한 영화배우라는 것은 우연적인 사실이다'와 같은 표현들에서 볼 수 있듯이 '필연적이다', '우연적이다', '가능하다'와 같은 양상적 표현들은 일상적인 담화에서도 흔히 사용되고 있는 표현들이다. 그러나 기초논리인 명제논리와 술어논리에서는 이러한 양상적 표현들을 나타낼 만한 논리적 장치가 결여되어 있다. 따라서 기초논리는 양상 개념들이 포함된 명제들로 구성된 논증들을 적절히 다룰 수 있을 만큼 충분하지 못하다고 할 수 있다.

양상 개념이 포함된 명제들로 구성된 논증을 다룰 수 있을 만큼 기초논리가 충분하지 못하다는 것이 기초논리에 대한 첫 번째 지적과 관련된 대표적인 예들 중의 하나라고 한다면, 타당성 개념이 논리적으로 좋은 논증에 대한 우리의 건전

논리와 비판적 사고

한 직관을 수용하지 못한다는 비판은 기초논리에 대한 두 번째 지적과 관련된 예라 할 수 있다. 타당성의 정의에 따르면, 전제들이 참이고 결론이 거짓일 수 없는 모든 논증은 타당한 논증이다. 따라서 전제들의 집합이 일관성이 없는 집합일 경우 그 논증은 결론에 관계없이 무조건 타당한 논증이다. 한 예로 아래는 타당한 논증이다.

P1 길동이는 영희를 사랑하고 사랑하지 않는다.
―――――――――――――――――――――――
ⓒ 지구는 둥글다.

타당성의 정의에 따르면 앞의 논증은 타당하다. P1이 논리적 거짓이므로 전제가 참일 가능성이 없기 때문이다. 그러나 앞의 논증이 타당하다는 타당성의 정의에 따른 결론은 논리적으로 좋은 논증에 대한 우리의 건전한 상식적 직관에 상충된다고 볼 수도 있다. 앞의 논증에서 전제와 결론은 내용적으로 전혀 관련이 없는 것처럼 보이기 때문이다.

타당성의 정의가 논리적으로 좋은 논증이기 위한 기준이 될 수 있는가의 문제는 현재까지도 철학적, 논리학적 논란의 대상이 되고 있다. 그러나 타당성의 정의에 대해 비판적인 철학자나 논리학자의 입장에 따르면 기초논리인 명제논리와 술어논리는 타당성의 정의를 핵심적인 원칙의 하나로 받아들이고 있으므로, 기초논리학은 논리적으로 좋은 논증에 대한 우리의 건전한 직관을 수용하지 못하고 있고, 따라서 부정확한 논리체계라 할 수 있다.

기초논리에 대해 첫 번째 종류의 지적을 하고 있는 철학자들은 기초논리의 기본 체계를 유지하면서 기초논리를 확장하여 기초논리의 한계를 극복하려고 시도하고 있다. 반면에 기초논리에 대해 두 번째 종류의 지적을 하고 있는 철학자나 논리학자들은 기초논리의 체계 중 잘못된 일부를 수정·변경하여 기초논리의 한계나 문제점을 해결하려고 시도하였다. 기초논리는 일정한 한계와 문제점을 안고 있다고 파악한 철학자와 논리학자들의 이러한 시도에 의해서 양상논리, 인식논리, 규범논리, 시제논리, 다치논리, 자유논리, 적합논리 등 다양한 논리체계들이 형성되었다. 그러나 기초논리의 한계나 문제점의 극복을 위해 생겨난 이러한 논리체계들은 모두 기초논리의 기본 체계로부터 확장하여 성립된 확장논리(Extended Logic)이거나 기초논리의 일부를 변경하여 구성된 파생논리(Deviant Logic)라 할 수 있다. 이처럼 대부분의 다양한 형식논리체계들이 기초논리를 기본으로 확장된 것이거나 기초논리로부터 파생된 것이므로, 이러한 논리체계들에 대한 이해를 위해서는 기초논리인 명제논리와 술어논리에 대한 학습이 우선적으로 또한 필수적으로 요구된다고 할 수 있다.

❖ 연습문제 해답

 연습문제 해답

3장
1. b) 타당하지만 전제가 실제로 거짓이므로 건전하지 않다.
   f) 타당하지 않지만 개연성이 높고 비교적 건전한 논증이다.
   h) 타당하지 않지만 개연성이 높고 귀납적으로 건전한 논증이다.
3. 타당할 수 있다.
6. 타당하지 않다.

4장
1. ② 타당하다.
   ⑤ 알 수 없다.
4. 타당하지 않다.
7. a)

5장
1. 일반적인 논증은 전제들과 결론이 모두 제시된 반면 퍼즐은 퍼즐을 풀기 위한 조건들인 전제들만 제시되어 있으므로 전제들로부터 결론을 도출해야 한다.
3, 4, 5를 위해서는 〈논리로 보는 패러독스, 패러독스로 배우는 논리〉를 참조하라.

6장
2. 아니다.
4. 모순: 길동이는 미남이 아니다. 반대: 길동이는 추남이다.
7. c) E 명제이다.

7장
1. 2) A명제- F,   E, I명제- 알 수 없다.
   환질; 모든 전함은 비어선이다.
   환위; 모든 어선은 전함이 아니다.
   이환; 어떤 비어선은 전함이다.

논리와 비판적 사고

5) '모든 애처가는 공처가이다.'와 동일한 의미이다.
   E명제- F, I명제- T, O명제- F
   환질; 모든 애처가는 비공처가가 아니다.
   제한 환위; 어떤 공처가는 애처가이다.
   이환; 모든 비공처가는 애처가가 아니다.

8장

1. a), c), e)

9장

1. 2) 타당하다.
   (표준형식)
   A: P(주)   M(비)   표준형식의 3 규칙을 모두 만족시키고 있다.
   O: S(비)   M(주)
   ─────────────
   O: S(비)   P(주)

   5) 타당하다.

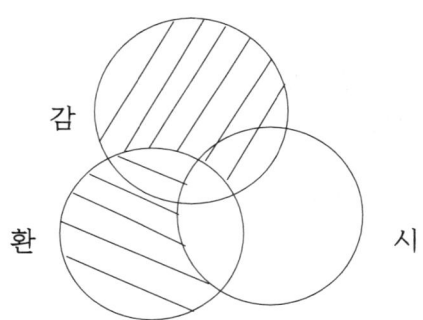

10장

1. 2) 타당하지 않다.
2. 3)

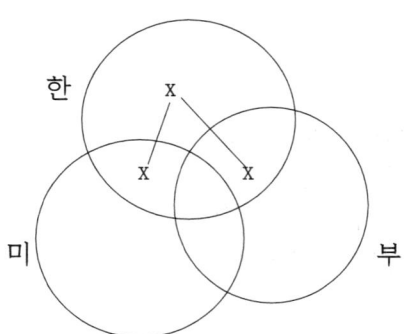

❖ 연습문제 해답

11장
4. □→△
　△
　―――
　　○　　　형식의 논증이고 후건긍정의 오류를 범하고 있다.

5. 순희가 길동이를 좋아하지 않으면 길동이는 미남이 아니다.

12장
1. 결론의 부정인 '모든 한국인은 미남이다.'와 '한국인인 길동이는 미남이 아니다.'로부터 모순이 도출된다.

13장
3. 연언문으로 취급하면 순서관계가 나타나지 않는다.

14장
5. □∨△
　△
　―――
　~□　　　형식의 논증으로 선언지 긍정의 오류를 범하고 있다.

15장
3. '길동이는 미남이다.'를 A로 '순희는 길동이를 좋아한다.'를 B로 나타내면 아래처럼 기호화된다.
　(B→A)&~(A↔B)

16장
1. ①　A∨(B∨C)
　 ⑤　((A∨B)&~(A&B))&(B→~C)
2. ①　~C&(((A→B)&(~B∨C))&A)

논리와 비판적 사고

A B C	~C&(((A→B)&(~B∨~C))&A)
T T T	F　　　F　　　F
T T F	T　　　T　　　T
T F T	F　　　F　　　F
T F F	F　　　F　　　F
F T T	F　　　F　　　F
F T F	F　　　T　　　F
F F T	F　　　T　　　F
F F F	F　　　T　　　F

17장

1. 두 번째 전제를 단순화하여 ~E를 도출하고 세 번째 전제와 ~E를 이용하여 후건부정으로 B를 도출해내고 더하기 법칙 등을 사용하면 결론을 유도할 수 있다.

19장

1. 좋은 논증이 아니다. sample이 편향되어 있다.

20장

3. 좋은 논증이 아니다. 전제에서의 유사성이 결론에서 문제되는 유사성과 밀접한 관계가 없다.

21장

2. 좋은 논증이라 할 수 없다. 미세먼지 등의 이유로 마스크를 착용하는 것이 최근에 보편화되는 추세이다.

22장

2. 대다수의 동의에 의한 논증은 대체로 좋은 논증이 아니다.

23장

1. 일치법, 차이법, 유비논증, 권위에 의한 논증 등이 사용되었다.

24장

1. c) 공통의 원인을 무시하는 오류를 범하고 있다.

25장

1. 1/365

6. a) '첫 번째 선수가 건강하다'를 A로 '두 번째 선수가 건강하다'를 B로 나타내면 아래처럼 계산할 수 있다.
   Pr(A&B/e)=Pr(A/e)×Pr(B/e-A)=5/9×4/8

26장

4. 거짓말쟁이의 문장은 참이면 거짓이어야 하고 거짓이면 참이어야 하므로, 평서문의 형식을 가지고 있지만 참일 수도 거짓일 수도 없는 명제이다.

28장

1. a)   Lab&~Laa
   b)   (∀x)(Px→Mx)&(Pa&Ma)

에듀컨텐츠·휴피아
Educontents·Huepia

참고문헌

〈논리와 비판적 사고〉

DeHaven, S., *The Logic Course*, Broad View Press, 1996.

Fogelin, R. J. & W. Sinnott-Armstrong, *Understanding Arguments: An Introduction to Informal Logic*, 5th ed., Harcourt Brace College Publishers, 1995.

Hurley, P. J., *A Concise Introduction Logic*, 7th ed. Wadsworth Publishing Company, 2000.

Moore, B. N. & R. Parker, *Critical Thinking*, 4th ed., Mayfield Publishing Company, 1995.

Moore, W. E. *Creative and Critical Thinking.* Boston: Houghton Mifflin, 1967.

Nosich, G. M., *Learning to Think Through: A Guide to Critical thinking in the Curriculum*, Prentice Hall, 2001.

Paul, R. &Elder, L., *Critical Thinking: Tools for Taking Charge of Your Learning and Your Life*, Prentice Hall, 2001.

Salmon, M. H. *Introduction to Logic and Critical Thinking.* New York: Harcourt Brace Jovanovich, 1984.

〈명제논리와 술어논리〉

손병홍, 『논리학-명제논리와 술어논리』, 장서원, 2008.

Baker, S. *The Elements of Logic.* New York: McGraw-Hill, 1965.

Bergmann, M. & J. Moor & J. Nelson. *The Logic Book.* New York: Random House, 1980.

Bonevac, D. *Deduction.* Palo Alto, Calif.: Mayfield, 1987.

Clark, R. and P. Welsh. *Introduction to Logic.* New York: D. Van Nostrand, 1962.

Copi, I. M. & Cohen C. *Introduction to Logic.* 10th ed., Prentice Hall, 1998.

Fraassen, B. Van, and K. Lambert. *Derivation and Counterexample.* Encino, Calif.: Dickenson, 1972.

Jeffrey, R. *Formal Logic: Its Scope and Limits.* New York: McGraw-Hill, 1967

Leblanc, H. and W. Wisdom. *Deductive Logic.* 2nd rev. ed. Boston: Allyn, & Bacon, 1972.

Mates, B. *Elementary Logic.* 2nd ed. New York: Oxford University Press, 1972.

Thompson, R. H. *Symbolic Logic.* Toronto: Macmillan, 1970.

Quine, W. V. O. *Methods of Logic.* 3rd ed. New York: Holt, Rinehart and Winston, 1972.

〈귀납논리〉

Rescher, N. *Induction: An Essay on the Justification of Inductive Reasoning.* Pittsburgh: Univ. of Pittsburgh Press, 1980.

Salmon, W. C. *Logic.* 3rd ed. New Jersey: Prentice-Hall, 1984.

Skyrms, B. *Choice and Chance.* 2nd ed. Encino, Calif.: Dickenson, 1975.

〈확장논리와 파생논리〉

Anderson, A. and N. Belnap. *Entailment: The Logic of Relevance and Necessity.* Princeton: Princeton Univ. Press, 1975.

Lewis, D. *Counterfactuals.* Cambridge: Cambridge Univ. Press, 1973.

Stalnaker, R. *Inquiry.* Cambridge: Bradford Book, 1985.

Von Wright, G. H. *An Essay on Modal Logic.* Amsterdam: North-Holland, 1951.

〈수리논리와 수리철학〉

Benacerraf, P. and H. Putnam. *Philosophy of Mathematics.* New Jersey: Prentice-Hall, 1964.

Beth, E. W. *The Foundation of Mathematics.* Amsterdam: North-Holland, 1964.

Kllene, S. C. *Introduction to Mathematics.* Princeton: D. Van Nostrand, 1952.

Mendelson, E. *Introduction to Mathematical Logic.* Princeton: D. Van Nostrand, 1964.

Quine, W. V. O. *Mathematical Logic.* Cambridge: Harvard Univ. Press, 1951.

〈논리학사〉

Bochenski, I. *A History of Formal Logic.* Notre Dame: Notre Dame Univ. Press, 1961.

Kneale, W. and M. Kneale. *The Development of Logic.* Oxford: Oxford Univ. Press, 1962.